LA FEMME
DU BOULANGER

ŒUVRES DE MARCEL PAGNOL

Dans cette collection :

LA GLOIRE DE MON PÈRE.

LE CHÂTEAU DE MA MÈRE.

LE TEMPS DES SECRETS.

LE TEMPS DES AMOURS.

JEAN DE FLORETTE.

MANON DES SOURCES.

MARIUS.

FANNY.

CÉSAR.

TOPAZE.

ANGÈLE.

LA FEMME DU BOULANGER.

LA FILLE DU PUISATIER.

REGAIN.

LE SCHPOUNTZ.

NAÏS.

MERLUSSE.

JOFROI.

NOTES SUR LE RIRE.

CONFIDENCES.

Les films de Marcel Pagnol sont disponibles en vidéo-cassettes éditées par la Compagnie Méditerranéenne de Films.

MARCEL PAGNOL

de l'Académie française

LA FEMME
DU BOULANGER

D'après le conte de
Jean Giono
Jean le Bleu

FORTUNIO

Editions de Fallois

Photographie de la couverture :
Aimable, le boulanger : Raimu
Aurélie, la femme du boulanger : Ginette Leclerc
Au dos de la couverture :
Le marquis : Charpin
Le boulanger : Raimu
Le curé : Robert Vattier
dans le film *La femme du boulanger*, 1938.

Marcel Pagnol avait préparé, après la guerre, une adaptation théâtrale de son film, « *La Femme du boulanger* », tiré d'une nouvelle de Giono.

Une troupe de jeunes comédiens monta, à Vendôme, cette pièce pour une seule représentation.

Il fallut attendre 1985 pour voir jouer à nouveau au théâtre « *La Femme du boulanger* » dans une mise en scène de Jérôme Savary, et avec dans le rôle du boulanger, rendu célèbre par Raimu, Galabru.

© Marcel Pagnol, 1989.

ISBN : 2 - 87706 - 061 - 6
ISSN : 0989 - 3512

ÉDITIONS DE FALLOIS, 22, rue La Boétie, 75008 Paris.

LE BOULANGER AMABLE

Dans un petit village perdu des collines, le boulanger s'appelait Amable. C'était un petit homme brun, serviable, mais taciturne. Il n'avait pas de femme; une bonne vieille du voisinage venait chaque matin s'installer dans la boutique pour surveiller la vente du pain : car les clients se servaient eux-mêmes, après avoir marqué, sur une baguette de bois, autant d'entailles qu'ils avaient pris de pains.

Amable connaissait bien son métier, et il le faisait avec amour. A partir de minuit, la petite fenêtre du fournil brillait d'une lumière jaune, qui dessinait, sur les vitres sales, les dentelles d'une araignée morte. A partir de cinq heures, les grandes miches craquaient doucement en se refroidissant dans les corbeilles... Et le dimanche matin, sur la grande table, une montagne de croissants dorés éclairait toute la boutique.

De temps à autre, Amable descendait en ville, car la chair est forte, et c'est de là que vint tout le mal.

Un soir, deux jours après Noël, deux gendarmes débonnaires le ramenèrent au village; ils l'avaient trouvé endormi dans un fossé, auprès de sa voiture naufragée; il était horriblement ivre et, aux paysans accourus qui proposaient divers remèdes, il répondait en ricanant :

– La peau de mes fesses en sauce piquante!...

On le coucha, et les gendarmes le bordèrent dans son lit. L'instituteur déclara que ce n'était qu'un accident – mais le lendemain, il n'y eut pas de pain avant midi.

Deux jours plus tard, le gérant du Cercle Républicain révéla qu'il avait bu quatre pastis et qu'il avait emporté la bouteille chez lui. Puis il acheta au Papet des Bouscarles une grande barrique de vin et un petit fût de marc, en disant qu'il allait faire des raisins à l'eau-de-vie. Mais il n'acheta pas de raisins, et ce fut le commencement du désastre...

Comme il n'avait plus la force de pétrir longtemps, les miches devinrent lourdes, plates, compactes. Parfois, blanchâtres et molles; d'autres fois, dures et brûlées... Enfin, une nuit, gorgé de pastis, il tomba dans son pétrin et s'y endormit.

On eut tout de même du pain. Il avait le goût de l'anis, et les enfants se régalèrent, mais l'instituteur et le curé, qui ne s'étaient jamais encore parlé, réunirent une conférence de notables qui décida qu'il fallait sauver Amable et surtout le pain quotidien.

On commença par les homélies du curé, soutenues par les démonstrations de l'instituteur. Ce laïque avait fait venir de Marseille des affiches de la Ligue antialcoolique. Foie d'un homme sain – Foie alcoolique; Pancréas normal – Pancréas alcoolique. Ces images étaient en couleurs. Couleurs tendres et appétissantes pour les organes vertueux; pour les autres, épouvantables.

Mais à la vue des foies en mie de pain rougeâtre ou des pancréas en forme de topinambours, le farineux pochard éclatait de rire et courait à la barrique se tirer un grand verre de vin.

Cette ivresse continue agissait sur sa santé et le pauvre Amable se délabrait de jour en jour. L'œil étincelant, mais creux, la perruque en désordre, il pétrissait encore, il cuisait des pains en forme de pigeons volants ou de cochons. Un jour même, il fit une fournée obscène, si parfaitement réussie que M. le curé, armé d'un grand couteau, vint découper ces pains en tranches innocentes, avant de les laisser partir vers les tables de famille.

Le conseil municipal prit alors la décision d'employer les grands moyens.

Amable arrivait à la fin de ses provisions; les deux bistrots et le gérant du Cercle jurèrent de ne plus lui donner à boire, et ceux qui avaient du vin dans leur cave firent le même serment.

Le boulanger se fâcha tout rouge et menaça de fermer sa boutique pour toujours. On lui répondit : « Ça nous ferait grand plaisir, parce que, si tu pars, il viendra un autre boulanger! »

Le lendemain, de bonne heure, on l'entendit mettre en marche sa vieille cinq-chevaux Peugeot. L'instituteur s'approcha, poli : « Où donc allez-vous, Amable? » Pour toute réponse, il tourna si violemment la manivelle que l'antique tacot fit un bond vertical de vingt centimètres et se mit à pétarader éperdument. Dans un nuage de fumée et de poussière, au son de sa tressautante ferraille, le boulanger disparut.

Il était allé vers la ville, et les langues marchaient bon train. Tout le monde disait qu'il ne reviendrait pas.

Armandin (de Nathalie) partit avec la charrette et le mulet pour aller chercher du pain à Aubagne, et le maire, Célestin (des Baumettes), annonça qu'il allait écrire au préfet pour lui demander l'envoi d'une boulangerie militaire, en attendant l'arrivée du nouveau boulanger.

Vers six heures du soir – un beau soir d'été, il y avait une grande partie de boules sur la place – M. le curé et M. l'instituteur, réconciliés par l'inquiétude commune, jouaient ensemble contre le Boiteux, des Durbec, et Martelette, le maçon, qui leur donnaient bien du fil à retordre. Mais pendant que Casimir mesurait un point, dans un grand silence attentif, on entendit une lointaine fusillade, puis on vit déboucher, au dernier lacet de la route, la voiture du boulanger.

On comprit tout de suite, aux zigzags du véhicule, qu'il était allé en ville pour faire le plein.

Comme il arrivait sur la place, le maire et le garde champêtre s'élancèrent à sa rencontre et lui intimèrent l'ordre de s'arrêter, pour éviter des accidents dans le village. Il répondit gravement : « La peau de mes fesses en sauce piquante ! » et voulut forcer le barrage, mais quatre joyeux gaillards, soulevant aisément l'arrière du véhicule, l'immobilisèrent, pendant que le garde coupait le contact et que le boulanger criait : « Au voleur ! »

On le tira de sa voiture, comme un escargot de sa coquille. M. le curé lui parlait avec une grande bonté.

– Mon ami, disait-il, il est absurde de supposer que M. le maire ait l'intention de vous voler quoi que ce soit !

– On te ramène chez toi, disait le maire, c'est pour te rendre service !

– Avouez, disait M. le curé, que vous n'êtes guère en état de diriger cette machine.

– La peau de mes fesses en sauce piquante ! disait le boulanger.

– Voilà des paroles inutiles, disait M. le curé. Elles sont le produit d'un état maladif. Comment pouvez-vous, de gaieté de cœur, vous jeter constamment dans la maladie? Est-ce l'acte d'une créature raisonnable, d'une créature de Dieu?

– La peau de mes fesses en sauce piquante! disait fermement le boulanger.

Le cortège rejoignit la voiture que le garde avait amenée à la boulangerie. Amable repoussa ses soutiens, et, soulevant la bâche du véhicule, voulut en retirer deux caisses, qu'il n'eut pas la force de soulever.

Charitablement, le menuisier et le forgeron en prirent une chacun et les déposèrent sur le comptoir de la boulangerie. Mais quand la première toucha le marbre, on entendit un son cristallin, comme un tintement de bouteilles.

– Malheureux! s'écria M. le maire, il a rapporté deux caisses de vin! Emportez ça tout de suite!...

Mais le boulanger avait bondi comme un tigre et brandissait le coutelas qui sert à couper la tranche pour faire le poids. Les yeux exorbités, la bouche baveuse, il hurla :

– Le premier qui s'approche, je le crève!...

Tout le monde, discrètement, fit un pas en arrière.

– ... Et puis, qu'est-ce que vous faites dans ma boutique? Ici, je suis chez moi! Sortez, ou je fais un malheur!

Le garde, qui était pourtant courageux, et M. le curé, qui n'était pas pressé d'entrer en paradis, furent les premiers dehors.

– Il est dans son droit, dit le garde. On n'y peut rien. Il est chez lui.

Le maire essaya de discuter. Mais le boulanger agitait son coutelas de façon si menaçante qu'il fallut battre en retraite : tout le monde se retrouva dans la rue, tandis qu'Amable refermait à grand bruit les volets de son magasin.

Cependant, M. le curé, qui croyait à la puissance du Verbe, parlait toujours d'une voix forte. Il vantait les vertus de l'eau claire, la noblesse du travail, tandis que le maire haussait tristement les épaules et que l'instituteur, pris d'un fou rire inexplicable, poussait de petits cris et versait des larmes, en se tenant le ventre à deux mains.

Enfin on entendit, à travers la porte, la réponse du boulanger. Amable criait :

— Celui qui a dit que c'était du vin, c'est un imbécile, parce que le vin, je n'en sens plus le goût. J'ai apporté cinquante bouteilles! C'est du rhum, c'est de la fine, c'est de la gnole, c'est du tord-boyaux... c'est du marc, c'est de la blanche... c'est de l'alcool!...

La foule, consternée, se taisait. On entendit le « cloc » d'une bouteille qu'on débouche, puis des gémissements de volupté. Puis, on n'entendit plus rien.

— Et notre pain, dit tristement M. le curé.

— Pour notre pain, dit M. le maire, ce sera la peau de mes fesses à la sauce piquante!...

Le lendemain, la boutique resta fermée, mais on put voir, par la fenêtre ouverte, les exercices du boulanger : la nuque renversée, son bras levé tenant une bouteille dont le cul regardait le plafond, il pompait à grands coups de glotte le « rhum fantaisie », ou le kirsch frelaté à l'acide prussique.

Comme il buvait chaque fois qu'on le regardait et que ces libations étaient suivies d'un flot de paroles ordurières, le maire posta le garde devant la boulangerie pour chasser les enfants que passionnait ce guignol d'un nouveau genre, et qui ne voulaient plus aller à l'école.

L'après-midi, il se mit à chanter des chansons de régiment. En passant devant la fenêtre, les vieilles dévotes se bouchaient les oreilles, puis elles faisaient un signe de croix : ce geste pieux, en libérant un instant l'oreille droite, leur permettait d'attraper au vol quelques nouvelles de l'artilleur de Nancy ou du vénérable Père Dupanloup.

Ce soir-là, au Cercle, il y eut une réunion générale. On y fit des plans pour l'ouverture d'une nouvelle boulangerie, on reparla de M. le préfet.

— Mes amis, conclut le maire, je me charge de régler tout ça d'ici une quinzaine, mais pas avant, parce que les formalités, c'est toujours long. Pendant ce temps, il faudra que notre ami Justin continue à se dévouer. La mairie lui donnera une indemnité de dix francs par jour pour aller chercher notre pain à Aubagne.

— Jamais de la vie, dit Justin. Je l'ai fait quatre fois, mais j'en ai assez... D'abord, il y a six heures de route et par des chemins que vous connaissez. Ça crève ma mule. Et puis, mes amandes sont mûres, et il faut que j'aille les « acanner ». Moi j'ai fait mon tour. A un autre!

— Il a raison, dit le maire. Heureusement, nous avons Baptistin.

Mais Baptistin ne voulut rien entendre, puis Clovis et Martial des Busines se récusèrent à leur tour. Le maire parla de réquisition et le ton commençait à monter, lorsque parut M. Salignac. C'était un retraité de la mairie et on l'appelait le capitaine parce qu'il avait été barman pendant vingt ans à la Transat. Il avait une petite maison au village, et, au moment de la chasse, il venait y passer deux ou trois mois.

Comme on lui expliquait la catastrophe, il sourit d'un air supérieur :

– Je sais, dit-il. Je connais votre affaire, car le boulanger d'Aubagne m'en a parlé. Mais j'ai apporté ce qu'il faut.

Il tira de sa poche un petit paquet très bien ficelé.

– Voici, dit-il, un remède anglais qui guérit radicalement les ivrognes. Un lord, à qui un grand médecin l'avait ordonné, l'acheta à prix d'or. Puis, au moment de le prendre, il préféra m'en faire cadeau. Nous allons guérir notre boulanger avec le traitement d'un duc et pair.

M. Salignac déchira le papier et ouvrit la boîte. Autour d'un joli petit flacon, une notice explicative était enroulée. Par malheur, c'était de l'anglais. On courut chercher au presbytère le petit dictionnaire d'Elwall qui avait la forme et la taille d'un pavé. Puis, M. le curé, M. l'instituteur et M. Salignac mirent en commun leurs souvenirs du séminaire, de l'Ecole normale et du Liberty-bar. Le résultat de leur décryptement fut tout à fait clair et précis, sauf deux ou trois mots très savants, qu'ils purent traduire, mais sans en comprendre le sens. L'instituteur fut d'avis que ces mots ne faisaient là qu'une figuration honorifique et qu'il était inutile d'en tenir compte.

La servante de l'auberge savait gratter la mandoline. On lui mit cet instrument sous le bras droit, une bouteille de pernod sous le bras gauche; et elle partit dans la nuit et s'installa sur le banc de pierre, sous la fenêtre du boulanger.

Les paysans furent priés de s'enfermer chez eux afin de lui laisser le champ libre, tandis que l'état-major du village, caché derrière les troncs des platanes, surveillait l'opération.

La servante chanta *O sole mio,* en italien, d'une

voix dont la fraîcheur surprit tout le monde. Les deux premiers couplets ne firent aucun effet, si ce n'est sur M. le curé qui découvrit une soliste. Mais à la fin du troisième, sur une note longuement caressée, la fenêtre s'ouvrit et une sorte de Pierrot parut dans le clair de lune. Elle lui montra la bouteille de pastis qu'elle prétendit avoir volée à son patron. Le pochard, attendri, finit par descendre, un grand verre dans chaque main.

A deux pas était la fontaine. Ils y composèrent le breuvage magique : la fille réussit à verser dans le verre du pochard enamouré un bon trait du « remède ». Puis ils burent longuement, et tendrement. Puis la servante chanta une berceuse napolitaine pendant que le boulanger pétrissait gaillardement son corsage. Il voulut ensuite pousser plus loin son avantage, et M. le curé avait déjà fait deux pas vers le presbytère, lorsque le boulanger se leva brusquement et regarda autour de lui, comme frappé de stupeur. Ses narines se pincèrent, son menton verdit, sa moustache trembla... Puis, avec un faible mugissement, il pivota sur lui-même et s'enfuit dans sa chambre en se tenant le ventre à deux mains.

La servante, assez fière de son exploit, mais un peu effrayée par la brutalité de son succès, se replia vers l'état-major, et, montrant la fiole à peu près vide, elle dit :

— Je lui en ai collé une bonne lampée.

— On vous avait dit cinquante gouttes, murmura l'instituteur.

— C'était pas facile de les compter, dit la servante.

Debout tous les trois sur le parapet pour se rapprocher du quinquet, M. le curé, M. Salignac et l'instituteur, gagnés par l'inquiétude, relurent encore une fois le traitement du lord, et s'aperçurent avec horreur que les doses étaient indiquées en « grains » et non en grammes...

– Voilà, dit l'instituteur, une conséquence de la stupidité des Anglais qui repoussent notre système métrique. Ils ont peut-être tué ce malheureux!

Le fossoyeur, qui était aussi sacristain, s'approcha de M. le curé et chuchota :

– Si j'allais chercher les Saintes Huiles?

Mais tout à coup, au premier étage, le boulanger ouvrit la fenêtre. Il était secoué par des spasmes si terribles que la fenêtre finit par le vomir lui-même et il tomba dans les bras du fossoyeur qui le laissa choir et courut se cacher, une main sur la bouche, derrière un platane.

Le forgeron et le menuisier ramassèrent Amable et le portèrent en courant à la fontaine. Là, ils le trempèrent dans l'eau glacée, « pour lui faire du bien ». L'instituteur et le curé l'arrachèrent à ces brutes serviables et rapportèrent vers la boulangerie un corps sans âme, à la face blême et qui, au milieu du parcours, parut revenir à la vie pour rendre son dernier soupir.

Quelqu'un monta dans la chambre par une échelle et descendit par l'intérieur de la maison pour ouvrir la boutique.

On mit le pauvre Amable dans son lit, préalablement refait par sa fidèle servante. Il était là, la tête enfoncée dans l'oreiller, ses narines pincées se dressaient vers le plafond. La fidèle servante balayait un monceau d'ordures.

M. l'instituteur, sur le réchaud à alcool, faisait des cataplasmes de farine de lin, M. le curé disait à voix basse des prières qui n'étaient pas encore celles des agonisants.

Amable fut soigné à « l'aigo boulido », qui est une sorte de tisane faite avec deux gousses d'ail bouillies dans de l'eau salée : il en but une quantité prodigieuse. Aux premières heures du matin, il ouvrit les yeux, et comme M. le curé lui demandait :

– Comment vous sentez-vous, maintenant?

Il ébaucha un pâle sourire, et murmura :

– La peau de mes fesses à la sauce piquante...

Ce qui rassura tout le monde.

Lorsque l'instituteur et le curé, la mine défaite, se retirèrent au chant des coqs, la fidèle servante refusa de quitter son chevet.

Le lendemain, le gérant du Cercle vint aux nouvelles. La boutique était fermée, les persiennes closes.

Vers le soir, l'état-major se présenta, conduit par le capitaine, dont la responsabilité était gravement engagée.

Comme l'instituteur frappait aux volets avec son bâton, la fenêtre fut doucement entrebâillée, et le visage de la servante parut. Elle fit un petit sourire rassurant, mit un doigt sur ses lèvres et referma la persienne sans bruit.

Le surlendemain était un dimanche. Vers sept heures, Tonin amena sa mule à la fontaine. Pendant que la bête buvait gravement, il leva la tête. A la pointe de la cheminée du four, il vit comme un tremblement de l'air, puis une boule de fumée blanche, puis une longue volute bleue dont le vent du matin fit des guirlandes. Il reconnut l'odeur des fagots de pin et courut avertir tout le monde.

A midi, il y avait une vraie foule devant la boutique – au premier rang, les enfants. Tout ce monde parlait à voix basse, dans l'attente de l'événement.

C'est au second coup de midi que les volets s'ouvrirent brusquement. On vit Amable, en tenue blanche de mitron, les replier à droite, puis à gauche, dans leurs casiers. Il salua gauchement la compagnie, puis il fit entrer les enfants, que suivirent les grandes personnes. Sur la grande table du milieu, il y avait la montagne de croissants toute crénelée de brioches au sucre.

– Servez-vous, dit-il. Aujourd'hui, pour les enfants, c'est gratuit.

Mais ils n'osaient pas y toucher et ils regardaient en silence cet homme qu'ils ne connaissaient pas et qui était debout, les bras croisés, devant une muraille de pains : il y en avait jusqu'au plafond. Ces grosses miches, bien rangées, avaient l'air d'une fortification. Puis, au-dessous, les pains de fantaisie; il y avait des longs, des doubles, des pains à têtes, qui sont faits de deux boules craquantes réunies par une taille fine; il y avait des fougasses qui sont des espèces de grilles dorées, et de petites pompettes tendres pour le déjeuner du matin, avec un oignon et un anchois; sur le comptoir, les pains « recuits », bruns comme des bohémiens, parce qu'ils passent deux fois au four : ils sont légers comme des biscottes, et c'est une gentillesse du boulanger, pour l'estomac fragile des bonnes vieilles et les mouillettes de M. le curé.

Tandis qu'on faisait les comptes de ces richesses, Casimir, le gérant du Cercle, fendit la foule. Sa figure brillait de contentement, et il cria tout de suite :

– Boulanger, à midi j'ai les chasseurs : il m'en faut trente livres!

Alors, le boulanger lui dit :

– Casimir, ça, c'est plus mon rayon. Moi, le pain,

je vous le ferai toujours, mais pour le peser et le vendre...

Il s'arrêta brusquement et devint tout rouge, sous sa poudre de farine.

Tout le monde regarda vers le comptoir. Et, derrière la grosse balance qui brillait comme deux soleils, on vit une belle femme. Sous des bandeaux d'un noir bleuté, des joues pleines et pâles, des dents lumineuses, de grands yeux mouillés de tendresse. Et comme Casimir, les yeux écarquillés, venait de reconnaître la servante, le boulanger toussa deux fois pour s'éclaircir la gorge. Enfin, d'une voix fière et forte, il dit :

– Adressez-vous à la Boulangère.

Ils se marièrent pour la fête des moissons, et ils furent heureux et considérés.

Jamais plus Amable ne but une goutte d'alcool. Et même le remède lui avait fait un effet si radical qu'il fallut déménager la cave de Papet, qui était juste en face, et que Casimir dut renoncer à servir le pastis du soir, à la terrasse, parce que, pendant la partie de pétanque, l'odeur de l'anis déréglait le tir du boulanger.

Mais il ne sut jamais qu'il devait son bonheur à l'insouciance d'un vieux lord, qui est sans doute mort de *delirium tremens*. En effet, la veille des noces, la boulangère vint attendre l'instituteur devant l'école.

– Il ne faudra jamais lui dire qu'on lui a donné ce remède. Ça lui ferait beaucoup de peine... Lui, il croit que ce qui l'a guéri... (elle baissa les yeux), c'est l'Amour.

– Il a raison, dit l'instituteur.

J'avais l'intention de tourner cette histoire, lorsqu'un jour, dans la N.R.F., je trouvai quelques pages de Giono, qui s'intitulaient « La Femme du boulanger ». J'étais dans un train qui venait de Belgique; je lus trois fois ces quinze pages, avec une admiration grandissante. C'est aussi l'histoire d'un boulanger de village : mais ce n'était pas un pochard. C'était un pauvre homme habité par un grand amour et qui ne faisait plus de pain parce que sa femme était partie. La quête de la belle boulangère, par tous les hommes du village, c'était une Iliade rustique, un poème à la fois homérique et virgilien... Je décidai ce jour-là de renoncer à mon invrogne guéri par l'amour et de réaliser le chef-d'œuvre de Jean Giono.

M. P.

DISTRIBUTION

LE BOULANGER	*Raimu*
LA BOULANGÈRE	*Ginette Leclerc*
LE BERGER	*Charles Moulin*
LE MARQUIS	*Fernand Charpin*
LE CURÉ	*Robert Vattier*
L'INSTITUTEUR	*Robert Bassac*
MAILLEFER	*Delmont*
ANTONIN	*Blavette*
CASIMIR	*Dullac*
BARNABÉ	*Maupi*
PÉTÜGUE	*Maffre*
ESPRIT	*Jean Castan*
CÉLESTE	*Alida Rouffe*
ANGÈLE	*Maximilienne Max*
MIETTE	*Odette Roger*
LE BOUCHER	*Charblay*
BARTHÉLEMY	*Michel*
DES MESSAGERS	*Marius Roux-Tyrand*
LE PAPET	*Gustave Merle*

Sur la place du village, c'est la sortie de l'école communale. Les enfants avancent en rangs jusqu'à la porte et tout à coup ils s'enfuient comme une volée de moineaux. M. l'Instituteur sort le dernier, et il ferme la porte derrière lui. Il est très jeune; il doit sortir de l'Ecole normale, et c'est certainement son premier poste. Il va vers la boîte aux lettres et, avec une clef, il l'ouvre. Il y prend « le Petit Provençal ». A ce moment-là, un paysan s'approche de lui et le salue.

LE PAYSAN

Bonjour, monsieur l'Instituteur.

L'INSTITUTEUR

Il brise la bande du journal.

Bonjour, Pétugue. Ça va?

PÉTUGUE *(timide)*

Très bien, monsieur l'Instituteur. Très bien. Je voulais vous demander un petit service.

L'INSTITUTEUR

Vas-y.

PÉTUGUE

Vous connaissez Casimir, le gérant du Cercle, qui a le bureau de tabac?

L'INSTITUTEUR

Oui. Et puis?

PÉTUGUE

Eh bien, il faudrait lui dire qu'il y a un chien mort dans son puits. Le puits du Cercle. C'est Cassoti qui l'a vu tomber dedans. Alors, si on ne le prévient pas, il va nous faire boire de cette eau le dimanche à l'apéritif. Il faut le lui dire...

L'INSTITUTEUR

Et pourquoi Cassoti ne l'a pas averti?

PÉTUGUE *(mystérieux)*

Il ne peut pas. Ils sont fâchés. Ils se sont battus au régiment, il y a vingt ans. Alors, ils sont fâchés.

L'INSTITUTEUR

Pourtant il va boire l'apéritif au Cercle?

PÉTUGUE

Oui, mais il ne lui parle jamais – il ne commande qu'à la bonne. Comme moi. Parce que moi aussi, je suis fâché avec Casimir.

L'INSTITUTEUR

Mais pourquoi?

PÉTUGUE

Oh! Ça vient de loin. Mon père était fâché avec son père. Et mon grand-père était déjà fâché avec son grand-père. Et déjà, nos grands-pères ne savaient pas pourquoi, parce que ça venait de plus loin. Alors, vous pensez que ça doit être quelque chose de grave. Ça doit être une bonne raison.

L'INSTITUTEUR

C'est vraiment un village de crétins.

PÉTUGUE

Mais non, monsieur l'Instituteur. C'est un village où on a de l'amour-propre, voilà tout.

L'INSTITUTEUR

Deux pelés et quatre tondus – et tous fâchés les uns contre les autres!

PÉTUGUE

On se rencontre quand même – au Cercle ou à la chorale, mais ceux qui sont fâchés ne se parlent pas.

L'INSTITUTEUR

Bon. J'avertirai Casimir. Mais je vais d'abord voir le pain du nouveau boulanger.

PÉTUGUE

Ah! C'est ce matin qu'il commence?

L'INSTITUTEUR

Oui. La première fournée doit sortir vers onze heures.

PÉTUGUE *(très intéressé)*

Té, je fais boire le mulet et j'y vais aussi.

L'INSTITUTEUR

Alors je préviens Casimir.

PÉTUGUE

Ne lui dites pas que c'est moi qui vous l'ai dit, on me jugerait mal, ça ferait parler.

Il s'en va. L'instituteur hausse les épaules et s'en va de son côté. Au détour d'une rue, il rencontre M. le Curé. L'instituteur détourne la tête. Le curé s'avance vers lui. C'est un très jeune prêtre, extrêmement distingué, qui porte des lunettes cerclées d'or.

LE CURÉ

Pardon, monsieur l'Instituteur, je désire vous dire deux mots si vous n'y voyez pas d'inconvénients.

L'INSTITUTEUR *(glacé)*

Je n'en vois aucun. Un chien regarde bien un évêque. M. le Curé peut donc parler à M. l'Instituteur.

LE CURÉ *(pincé)*

Malgré le ton désobligeant de votre réponse, les devoirs de ma charge m'obligent à continuer cette conversation.

L'INSTITUTEUR

Permettez. Vous dites que je vous ai parlé sur un ton désobligeant, et je reconnais que c'est vrai. Mais je tiens à vous rappeler qu'au moment où je suis arrivé ici, c'est-à-dire au début d'octobre, je vous ai rencontré deux fois le même jour. La première fois c'était le matin.

LE CURÉ

Sur la place de l'Eglise.

L'INSTITUTEUR

C'est exact. Je vous ai salué; vous ne m'avez pas répondu. La deuxième fois, c'était...

LE CURÉ

A la terrasse du Cercle. Vous étiez assis devant un grand verre d'alcool.

L'INSTITUTEUR

Un modeste apéritif.

LE CURÉ

Si vous voulez, enfin, c'était de l'alcool.

L'INSTITUTEUR

Soit. Je vous ai encore salué, en ôtant mon chapeau.

LE CURÉ

C'était un chapeau melon.

L'INSTITUTEUR

C'est exact. Vous ne m'avez pas répondu. Pourquoi?

LE CURÉ *(grave)*

Parce que je ne vous avais pas vu.

L'INSTITUTEUR

Quoi?

LE CURÉ

Et je ne vous ai pas vu me saluer parce que je n'ai pas voulu vous voir.

L'INSTITUTEUR

Et pour quelle raison? J'arrivais ici, vous ne m'aviez jamais vu. Je vous salue très poliment, vous détournez la tête. Vous m'avez donc fait un affront sans me connaître.

LE CURÉ *(avec un rire un peu méprisant)*

Oh! monsieur, je vous connaissais!

L'INSTITUTEUR

Ah? Vous aviez reçu une fiche de l'évêché?

LE CURÉ

Oh! pas du tout, monsieur... Monseigneur a des occupations et des travaux plus utiles et plus nobles que ceux qui consisteraient à remplir des fiches sur le caractère et les mœurs de chaque instituteur laïque. Ce serait d'ailleurs un très gros travail, et peu ragoûtant. Non, monsieur, je n'ai pas reçu votre fiche et je n'avais pas besoin de la recevoir, parce que vous la portiez sur vous.

L'INSTITUTEUR

J'ai une tête de scélérat?

LE CURÉ

Ne me faites pas dire ce que je ne dis pas. Non, monsieur, non, vous n'avez pas absolument une tête de scélérat. Non. Et puis, même avec une tête de scélérat, un homme peut se racheter par la foi, et par la stricte observance des pratiques recommandées par notre sainte mère l'Eglise. Mais il ne s'agit pas de votre tête. Ce qui m'a permis de vous démasquer du premier coup, c'est le journal qui sortait de votre poche. C'était *le Petit Provençal. (Avec feu.)* Ne niez

26

pas, monsieur, je l'ai vu. Vous lisez *le Petit Proven-çal*.

L'INSTITUTEUR *(calme et souriant)*

Mais oui, je lis *le Petit Provençal*. Je suis même abonné.

LE CURÉ

Abonné! C'est complet.

L'INSTITUTEUR

Vous ne voudriez pas que je lise *la Croix?*

LE CURÉ *(avec force)*

Mais si, monsieur, je le voudrais! Mais je vous estimerais bien davantage, monsieur, si vous lisiez *la Croix!* Vous y trouveriez une morale autrement nourrissante, autrement succulente que les divagations fanatiques de journalistes sans Dieu.

L'INSTITUTEUR

C'est pour ça que vous m'avez arrêté? Pour me placer un abonnement à *la Croix?*

LE CURÉ

Non, monsieur. Je vous ai arrêté pour vous rappeler vos devoirs. Non pas envers vous-même – car vous me paraissez peu disposé à songer à votre salut éternel – mais vos devoirs envers vos élèves – ces enfants que le gouvernement vous a confiés – peut-être un peu imprudemment.

L'INSTITUTEUR

Il est certain que le vieillard que vous êtes peut donner des conseils au gamin que je suis.

27

LE CURÉ

En effet, monsieur. Quoique nous soyons à peu près du même âge, je crois que la méditation et l'élévation quotidienne de l'âme par la prière m'ont donné plus d'expérience de la vie que vous n'avez pu en apprendre dans vos manuels déchristianisés. Vous êtes, je crois, tout frais émoulu de l'Ecole normale...

L'INSTITUTEUR

Vous êtes, je crois, tout récemment éclos du Grand Séminaire?

LE CURÉ

Enfin, peu importe. Ce que j'ai à vous dire est très grave. Vous avez fait, l'autre jour – avant-hier exactement –, une leçon sur Jeanne d'Arc.

L'INSTITUTEUR

Eh oui, ce n'est pas que ce soit amusant, mais c'est dans le programme.

LE CURÉ *(sombre)*

Bien. A cette occasion, vous avez prononcé, devant des enfants, les phrases suivantes : « Jeanne d'Arc était une bergère de Domremy. Un jour qu'elle gardait ses moutons, *elle crut entendre des voix.* » C'est bien ce que vous avez dit?

L'INSTITUTEUR

C'est très exactement ce que j'ai dit.

LE CURÉ *(gravement)*

Songez-vous à la responsabilité que vous avez prise quand vous avez dit : « crut entendre »?

L'INSTITUTEUR

Je songe que j'ai justement évité de prendre une responsabilité. J'ai dit que Jeanne d'Arc : « crut entendre des voix ». C'est-à-dire qu'en ce qui la concerne elle les entendait fort clairement – mais en ce qui me concerne, je n'en sais rien.

LE CURÉ

Comment, vous n'en savez rien?

L'INSTITUTEUR

Ma foi, monsieur le Curé, je n'y étais pas.

LE CURÉ *(outré)*

Comment, vous n'y étiez pas?

L'INSTITUTEUR

Et ma foi non. En 1431, je n'étais même pas né.

LE CURÉ

Oh! n'essayez pas de vous en tirer par une pirouette. Vous n'avez pas le droit de dire : « crut entendre ». Vous n'avez pas le droit de nier un fait historique. Vous devez dire : Jeanne d'Arc entendit des voix.

L'INSTITUTEUR

Mais dites donc, il est très dangereux d'affirmer des choses pareilles – même s'il s'agit d'un fait historique. Il me semble me rappeler que lorsque Jeanne d'Arc, devant un tribunal présidé par un évêque qui s'appelait Cauchon, déclara qu'elle avait entendu des voix, ce Cauchon-là la condamna à être brûlée vive – ce qui fut fait à Rouen, sur la place du Marché. – Et comme, malgré ses voix, elle était combustible, la pauvre bergère en mourut.

LE CURÉ

Réponse et langage bien dignes d'un abonné du *Petit Provençal*. Je vois, monsieur, que je n'ai rien à attendre d'un esprit aussi borné et aussi grossier que le vôtre. Je regrette d'avoir engagé une conversation inutile qui m'a révélé une profondeur de mauvaise foi que je n'aurais jamais osé imaginer.

L'INSTITUTEUR *(goguenard)*

En somme vous êtes furieux parce que j'ai parlé de Jeanne d'Arc, qui, selon vous, vous appartient. Mais vous-même, monsieur le Curé, il vous arrive de piétiner mes plates-bandes. Ainsi, vous avez dit aux enfants du catéchisme que je me trompais, et qu'en histoire naturelle il n'y avait pas trois règnes, qu'il y avait quatre règnes.

LE CURÉ

Mais parfaitement : le règne minéral, le règne végétal, le règne animal et le règne humain, ce qui est scientifiquement démontré.

L'INSTITUTEUR

Il est scientifiquement démontré que le règne humain est une absurdité.

LE CURÉ

Vous vous considérez donc comme un animal?

L'INSTITUTEUR

Sans aucun doute!

LE CURÉ

Je vous crois trop savant pour ne pas admettre qu'en ce qui vous concerne vous avez certainement raison. Permettez donc que je me retire sans vous saluer, car je ne salue pas les animaux...

Il s'éloigne.

L'INSTITUTEUR
Et vous, dites donc, qu'est-ce que vous croyez être, espèce de pregadiou?

LE CURÉ
Vade retro, Satana!

L'INSTITUTEUR
Va te cacher, va, fondu!

Il hausse les épaules et s'en va de son côté.

DANS UNE RUE DU VILLAGE

Casimir, Barnabé et Antonin s'avancent en discutant.

ANTONIN
Mais ces trois ormes, ils ne te servent à rien! Ils sont juste au bord de ton pré. Qu'est-ce que ça peut te faire de les tailler? Au contraire : tu aurais du bois pour cet hiver.

BARNABÉ *(têtu)*
Ces arbres sont à moi. Je les taillerai si je veux. Tu ne vas quand même pas me forcer à couper mes arbres! Des arbres qui sont chez moi.

ANTONIN
Les arbres sont chez toi, mais leur ombre est sur

mon jardin! Parfaitement! Ils sont mal placés, tes arbres. Ils sont juste au midi de mon potager, ce qui fait que toute l'année, du matin au soir, cette ombre tombe sur mes légumes, et elle tourne comme une faux. Ils me mangent mon soleil, tes arbres. Et on n'a pas le droit de manger le soleil de personne.

CASIMIR

Il n'a pas tort. Ecoute, Barnabé, ce n'est pas de ta faute. Mais pour lui, tes ormeaux sont mal placés.

BARNABÉ

Mais c'est peut-être son jardin qui est mal placé! Et si je me plaignais, moi? Si je disais que j'ai des arbres magnifiques et que je ne peux pas me mettre à l'ombre de mes arbres, parce qu'elle s'échappe, chez lui? L'ombre de mes arbres est à moi peut-être, non?

ANTONIN

Oui, elle est à toi. Et puisqu'elle est à toi, je te prie de la retirer de chez moi.

CASIMIR

Il le dit à sa façon, mais il n'a pas tort.

BARNABÉ

Tu veux peut-être que je change le soleil de place?

CASIMIR

Il veut que tu tailles tes arbres. Et il me semble que c'est son droit.

ANTONIN

J'ai fait des épinards géants, cette année. Eh bien,

32

mon ami, les épinards géants, je te les ferai voir. Ils ne sont pas géants du tout. Ils ne sont pas plus hauts que du cresson.

BARNABÉ

Fais du cresson, si tu veux, moi, mes arbres, je n'y toucherai pas.

ANTONIN *(sombre)*

Bien. On ira au juge de paix. Et en attendant, je te retire la parole.

CASIMIR

Allez, vaï, Antonin...

BARNABÉ *(hautain et méprisant)*

Oh! Laisse-le faire! Si tu crois que ça me touche! Au contraire! C'est d'accord! Qu'il ne me parle plus jamais! Et si tu m'entends un jour lui adresser un mot, ou lui répondre, je te donne la permission de me cracher à la figure.

Casimir hoche la tête. Ils s'en vont en silence. Nous les suivons. Ils arrivent devant la boulangerie où tout le village est déjà réuni.

Il y a Maillefer, qui a une canne à pêche sur l'épaule. Il y a Pétugue, il y a le vieux Papet, qui est sourd et presque gâteux. Il y a Arsène le boucher, avec son tablier et son fusil à couteaux.

Il y a Céleste, la bonne de M. le Curé. Il y a Miette qui est une bonne grosse paysanne, et Mlle Angèle qui fait chanter les enfants à l'église. Il y a la vieille Fine, qui a une jolie petite barbe grise. Il y a aussi deux ou trois jeunes filles, et des enfants. Tout le monde a l'air d'attendre.

Casimir s'approche du boucher.

CASIMIR

Alors, le pain est beau?

LE BOUCHER

Ça se prépare. L'instituteur est allé jeter un coup d'œil sur la fournée...

Et voici que M. l'Instituteur sort de la boulange-rie.

MAILLEFER

Alors, qu'est-ce que vous en dites?

L'INSTITUTEUR

Ma foi, je ne suis pas boulanger. Mais il me semble que cet homme-là connaît parfaitement son métier et qu'il va nous faire du bon pain.

MAILLEFER

Il en a déjà sorti du four?

L'INSTITUTEUR

Non. Dans dix minutes.

LE BOUCHER

Qui sait s'il le fait bon?

LE BOULANGER *(qui sort sur la porte)*

Et pourquoi je le ferais mauvais?

LE BOUCHER

On ne veut pas dire que tu le feras mauvais, non, seulement, tu comprends, il y a pain et pain.

CASIMIR

Celui qui était avant toi, Lange, celui qui s'est pendu dans la cave...

LE BOULANGER *(effrayé)*

Chut... *(Il fait un pas vers eux, et parle à voix basse.)* Ecoutez-moi bien. Ne parlez jamais de cette histoire-là devant ma femme. De penser que nous avons pris la suite d'un pendu, c'est une chose qui l'impressionnerait et peut-être elle ne voudrait plus rester ici. Alors, motus, hein?

CASIMIR

Oui, on a compris. Motus.

ANTONIN

Motus.

PÉTUGUE

Motus.

MIETTE *(au Papet)*

Motus.

LE PAPET

Où il est?

Il regarde anxieusement autour de lui.

LE BOULANGER

Bon. Alors, qu'est-ce qu'il faisait, Lange, quand il ne se pendait pas?

MAILLEFER

Eh bien, il faisait du pain, mais ce pain n'était jamais pareil.

CASIMIR

Des fois très bon, des fois pas mangeable.

BARNABÉ

Surtout le dimanche matin! Tu comprends, le samedi il se prenait une cuite terrible, avec de l'anis. Alors, vers minuit, quand il commençait à pétrir, il ne savait plus ce qu'il faisait.

L'INSTITUTEUR

Une fois, dans le pain, on a trouvé la moitié d'un cigare.

ANTONIN

Et une autre fois, un dimanche matin, le pain avait le goût de l'anis.

MAILLEFER

Les enfants se sont régalés!

LE BOULANGER *(indigné)*

Et vous supportiez ça, vous autres?

BARNABÉ

Et qu'est-ce que nous pouvions faire?

LE BOULANGER

Aller chercher du pain ailleurs.

CASIMIR

Té, pardi. Nous l'avons fait longtemps!

BARNABÉ

Le plus près, c'est à Volx, à douze kilomètres et par des chemins de montagne... Alors, on en prenait pour une semaine.

MIETTE

Mais au bout de quatre ou cinq jours, le pain était si dur qu'on s'y cassait les dents dessus.

ANTONIN

Alors, on revenait chez Lange, parce qu'il ne le faisait pas toujours bon, mais il le faisait toujours ici.

LE BOULANGER *(simplement)*

Et moi, où je le fais?

L'INSTITUTEUR

Il a raison, voyons! Attendons avant de juger.

MLLE ANGÈLE

Où étiez-vous boulanger, avant de venir ici?

LE BOULANGER

J'ai été à Valensole; puis à Banon, et j'y ai gagné des sous; et pourtant, il y avait de la concurrence, nous étions trois boulangers. C'était pas un petit village comme ici. C'était de vraies petites villes où il y avait des connaisseurs...

LE BOUCHER

Et c'est parce que les connaisseurs t'ont plus voulu que tu es venu chez nous?

LE BOULANGER

Je suis venu chez vous pour faire plaisir à ma femme parce qu'elle craint le froid, et qu'ici c'est beaucoup moins haut... Mais les connaisseurs, quand je suis parti, tu sais ce qu'ils ont dit les connaisseurs? Ils ont dit : « Boulanger, nous te regretterons. » Et parmi ceux qui m'ont dit ça, il y avait le receveur buraliste et le greffier du juge de paix! Et le gros, là, qui a mangé du pain où le pendu avait dégueulé son Pernod, il demande si je le ferai bon. Mais dites, le mien sera toujours aussi bon que ça! Moi, d'abord, des apéritifs, j'en bois guère, je ne bois même pas de vin. Et puis quand je la touche la pâte, je vous garantis que je la bouge et que j'épargne pas ma peine. Et puis, vous saurez que, pour être un bon boulanger, il n'y a pas besoin d'être un monstre carnassier.

FÉLIX

Bravo boulanger! Tu as raison.

LE BOUCHER

Pourquoi dis-tu « bravo boulanger ». C'est contre moi que tu en as?

FÉLIX

Moi, monsieur, je ne vous parle pas.

LE BOULANGER *(à Maillefer)*

Ils sont fâchés?

MAILLEFER

A mort. D'ailleurs, ce sont deux imbéciles, et je suis fâché avec tous les deux.

LE BOULANGER

Pourquoi?

CASIMIR

Va, va, tout ça n'a aucun intérêt. Ce qui est important, c'est que tu nous fasses du pain – et pourvu qu'il soit aussi beau que ta femme, ça nous suffira.

L'INSTITUTEUR

Oh! ça, certainement!

LE BOULANGER *(joyeux)*

Il n'est pas difficile, lui! Du pain aussi beau que ma femme! Eh bien, dis donc, mais je ne sais pas si on en a jamais fait du pain aussi beau que ma femme!

BARNABÉ

Là, tu as raison, boulanger.

LE BOULANGER *(ravi)*

Elle est belle, hein, ma femme?

ANTONIN

Ah! oui, elle est belle!

LE BOULANGER *(à Maillefer)*

N'est-ce pas qu'elle est belle?

MAILLEFER

Ah! ça, oui! Ça on peut le dire!

LE BOULANGER

Dites, monsieur l'Instituteur, n'est-ce pas qu'elle est belle, ma femme.

L'INSTITUTEUR *(badin)*

Mon cher, si elle essayait, tout à coup, la nuit dans une ruelle obscure de m'embrasser fortement sur la bouche, eh bien, je ne porterais pas plainte!

Le boulanger est ravi, il rit avec une joie enfantine.

LE BOULANGER

Ça, je vous le souhaite, à vous, mais je ne le souhaite pas à moi! Alors, si je vous fais du pain moitié aussi beau que ma femme, ça vous suffira?

BARNABÉ

Eh ben, je comprends!

MLLE ANGÈLE

Pour mon goût personnel, j'aimerais mieux du pain qui fût aussi beau que du pain. Car la beauté des femmes est fugitive et se fane comme les fleurs.

ANTONIN

Ce qui fait grand plaisir aux vieilles betteraves, qui ne risquent pas de se faner.

PÉTUGUE *(qui regarde à l'intérieur du magasin, le nez collé contre la vitrine)*

Je comprends qu'elle est belle!

LE BOULANGER

Je suis content que vous la trouviez belle. Et encore vous ne l'avez pas vue habillée du dimanche. Ou alors le soir... Quand elle se prépare à se coucher et que...

On entend la voix de la boulangère qui vient du magasin.

LA BOULANGÈRE

Aimable! Le pain est prêt.

LE BOULANGER

Et modeste avec ça. Elle ne veut pas qu'on parle d'elle!

40

Il entre dans la boutique. On le suit. La boulangère est au comptoir, bien coiffée, immobile. Le boulanger traverse la boutique. Il hume l'air. Il dit : « C'est prêt. Vous sentez? C'est prêt. » Il va au fournil. Tous le suivent. Il ouvre le four. Il flaire. Il dit : « Une minute de plus ne lui fera pas de mal... » Tous attendent.

MAILLEFER

Il se tourne vers la boutique.

Tiens, voilà M. le Marquis.

En effet, M. le Marquis vient d'entrer. Il a cinquante ans, il est extrêmement sympathique et distingué, malgré son ventre important. Il parle d'abondance, avec beaucoup de charme. Il est visible qu'il a commandé un escadron.

LE MARQUIS

Bonjour, madame la boulangère. Je suis, madame, le marquis Castan de Venelles, chef d'escadron à la retraite, mais paillard en activité. C'est vous dire, madame, que je suis très sensible à l'éclat de votre visage, et que je vous suis profondément reconnaissant de bien vouloir être si belle. Ceci dit, je vous présente mon berger. *(Le berger s'avance. C'est un très beau garçon dévoré par le soleil, qui a des dents blanches et des cheveux frisés. Dans l'échancrure du col de sa chemise, on voit quelques poils dorés. Il baisse les yeux.)* Il se nomme Dominique. Ce Dominique viendra le mercredi et le samedi, muni du sac que vous voyez, pour prendre trente pains. *(Le marquis se tourne vers le boulanger.)* Il faudra donc, boulanger, que tu me fasses ces trente pains deux fois par semaine, en plus de ta fournée quotidienne.

Et le samedi, si tu avais une douzaine de croissants ou de brioches, j'espère que cette déesse ne verra pas d'inconvénients à les mettre dans mon sac.

LE BOULANGER

Il salue.

Bien, monsieur.

LE MARQUIS

Monsieur le Marquis.

LE BOULANGER

Il re-salue.

Bien, monsieur le Marquis.

LE MARQUIS

Si je te parle de croissants et de brioches, c'est parce que dans mon château – qui n'est en réalité qu'une ferme, mais « castellisée » par ma seule présence – j'héberge en général trois ou quatre dames de petite vertu, que j'entretiens dans un luxe rustique, pour le plaisir de mes vieux jours et le dévergondage de mes bergers...

LE BOULANGER

Parfaitement, monsieur le Marquis.

LE MARQUIS *(souriant)*

Non, pas parfaitement, ce n'est pas l'avis du curé. Enfin, pour ce qui est de ta note, il te la paiera tous les samedis. Bien. Détail pratique : comme pour donner trente pains il faut au moins dix minutes,

Dominique ne viendra qu'à midi, pour ne pas faire attendre tes clients. Pour aujourd'hui c'est lui qui va attendre. Dominique, mets-toi dans ce coin. Attends.

Le berger se met dans un coin. Il attend. Le boulanger dit tout à coup : « C'est prêt... Je vais défourner. » Il va vers le fournil, tout le monde le suit. Il ouvre le four; il commence à sortir les grands pains.

LE MARQUIS

Il sent bon et il est appétissant. *(Un gros chat noir tombe devant le marquis.)* Oh! il est beau ce chat! Il est à toi?

LE BOULANGER *(qui continue à défourner)*

Ah! oui, monsieur le Marquis. C'est Pompon, celui-là. Dans une boulangerie, il faut se méfier des rats, à cause de la farine : ils vous mangeraient tout le bénéfice! Pompon et sa femme Pomponnette, ils me sauvent dix kilos de farine par jour.

ANTONIN

Ah! Tu as la chatte aussi?

LE BOULANGER

Je l'ai sans l'avoir. Depuis trois jours, elle a disparu...

BARNABÉ

Attention qu'on t'en ait pas fait un civet!

LE BOULANGER *(effrayé)*

Oh! coquin de sort! Tu dis pas ça sérieusement?

LE MARQUIS

Mais non, boulanger! Il y a tant de lièvres dans nos champs que nous ne savons plus qu'en faire : on ne te mangera pas ta chatte!

LE BOULANGER

D'ailleurs, moi je sais pourquoi elle est partie : cette nuit j'ai bien entendu ce qu'elle racontait sur le toit : « Ramama-ou... » Oh! elle reviendra quand ça lui aura passé!

Il continue à tirer les pains du four.

LE MARQUIS

Bien. *(Il va sortir.)* Comment t'appelles-tu?

LE BOULANGER

Aimable Castanier.

LE MARQUIS

Oh! c'est charmant... Le poète a dit :

> *Et mihi castaneae sunt molles*
> *Et pressi copia lactis...*

Mais ça n'a aucune importance pour aujourd'hui. Au revoir, Aimable boulanger. *(En passant devant la belle boulangère, il salue fort galamment et dit :)* Madame, le pain touché par vos belles mains sera reçu chez moi comme un présent. *(A la foule.)* Laissez-moi passer, je vous prie...

Il sort de la boutique, et nous le suivons. Dans la rue, voici M. le Curé qui s'avance en lisant son bréviaire. M. le Marquis s'avance vers lui, respectueux et cordial.

44

LE MARQUIS

Bonjour, monsieur le Curé!

LE CURÉ

Bonjour, monsieur le Marquis!

LE MARQUIS

Eh bien, monsieur le Curé, nous avons un boulanger; et de plus, il s'appelle Aimable...

LE CURÉ

Saint Aimable, ou saint Amable fut un grand saint qui vécut aux environs de l'an 742. Il fut remarquable par l'austérité de ses mœurs; et s'il avait été curé de notre village, il n'eût point toléré que l'un de ses paroissiens vécût en compagnie de plusieurs femmes comme un véritable Mormon.

Il regarde le marquis sévèrement.

LE MARQUIS

Oh! monsieur le Curé, ce sont mes nièces!

LE CURÉ

Vous oubliez que je suis votre confesseur.

LE MARQUIS

Si vous ne l'oubliez pas, vous aussi, toute conversation mondaine est impossible. Je dis à tout le monde que ce sont mes nièces.

LE CURÉ

Mais personne ne le croit, et l'exemple que vous donnez est très dangereux.

LE MARQUIS

Non, monsieur le Curé, non, car la débauche n'est pas un péché gratuit; les exemples dangereux, ce sont les exemples à la portée de toutes les bourses; mais les péchés qui exigent des rentes ne peuvent se répandre que chez les rentiers, or nous n'avons ici que des paysans, et contre les dangers de mon exemple, la Pauvreté leur tient lieu de Vertu!

LE CURÉ

Affreux blasphème!

Ils s'en vont en promenant le long des rues du village, et continuent leur conversation.

DANS LA BOULANGERIE

La boulangère pèse le pain des clients, qui vont se servir eux-mêmes dans les grands paniers.

ANTONIN

Quatre kilos pour moi. *(Il pose les pains sur la balance. La boulangère met les poids puis elle ajoute un morceau en plus.)* Merci pour le bada! Il est beau, hein, Casimir?

CASIMIR

Rien que de voir ça, ça me donne faim. Passez la première, Céleste! Ne faisons pas attendre la servante de M. le Curé.

CÉLESTE

Merci, Casimir... Je me languissais de le toucher ce pain...

La boulangère pèse le pain de Céleste, mais elle ne regarde pas la balance. Elle regarde le berger, qui est debout contre le mur. Le berger la regarde aussi, immobile et muet. Il attend. Peu à peu, le magasin se vide. Au fond, là-bas, dans le fournil, on ne voit que le derrière du boulanger, qui tire les pains du four, et qui chantonne à mi-voix.

La boulangère descend du comptoir, elle s'approche du berger qu'elle regarde bien en face.

LA BOULANGÈRE

Ouvre le sac, et tiens-le.

Le berger déroule le sac et le tient ouvert à deux mains, à la hauteur de sa ceinture. La boulangère plonge les grands pains, jusqu'au fond du sac – et chaque fois, en se relevant, ses cheveux effleurent le visage du berger qui compte : « 1, 2, 3, 4, etc. » et qui respire l'odeur de la femme.

DANS LA SALLE À MANGER
DU PRESBYTÈRE

Céleste prépare le couvert de M. le Curé. Le voici justement qui entre; il paraît joyeux.

LE CURÉ

Ma bonne Céleste, voici une importante nouvelle : M. le Marquis vient déjeuner ici demain.

CÉLESTE *(sarcastique)*

Il vient tout seul, au moins?

LE CURÉ *(choqué)*

Céleste!

CÉLESTE

Je disais ça – parce que, si vous invitez ce grand mécréant, il n'y a pas de raison pour qu'il n'amène pas toutes ses... NIÈCES... Qu'est-ce qu'elles vont faire, ces pauvres petites, sans leur oncle?

LE CURÉ

Céleste, la médisance est aussi un péché. D'ailleurs M. le Marquis, en sa qualité de maire de la commune, peut faire réparer le toit de notre église où il pleut comme au champ de foire – et mon invitation n'est peut-être pas entièrement désintéressée. Il me paraît nécessaire de lui préparer un bon repas.

CÉLESTE

Bon... Et c'est une chance que nous ayons du bon pain. Regardez ça, monsieur le Curé...

LE CURÉ

C'est beau, du pain frais...

Il prend le pain, il le palpe, il le flaire, il le fait craquer entre ses doigts.

Nous voici maintenant au soir de la journée, dans une petite chambre qui est tapissée d'un papier à fleurs. Le boulanger et sa femme sont en train de se coucher. Le boulanger est déjà dans le lit. Il a mis des lunettes. Il déplie un journal.

LE BOULANGER

C'est une bonne journée. C'est vrai que c'est la première. Mais enfin, 683 francs dans un petit village comme ici... Il n'y a pas à dire. Ça s'annonce bien.

(Il regarde son journal. La boulangère tire ses bas.)
Té! moi, il y a des choses que je ne comprends pas.
Au fond, les paysans veulent vendre leur blé très
cher, et acheter le pain à très bon marché. Ça ne
tient pas debout. Si on vend le kilo de grain à 1,50 F,
ça met la farine à 2,30 F au moins. Il y a le son et la
repasse. On ne fait pas du pain avec du son, pas
vrai? Et encore moins avec de la repasse! Alors, s'il
faut que je vende le pain à 2,40 F, comment je vais
m'y retrouver. Quoi?

AURÉLIE

Rien.

Elle se déshabille dans un coin d'ombre.

LE BOULANGER

Et tu as raison. On ne peut rien dire, parce que,
enfin, avec quatre sous de bénéfice par kilo, il faut
que je paie mon loyer – tu as raison, il n'est pas gros.
Mais enfin, il faut le payer. Il faut que je paie mes
impôts. Il faut que je chauffe mon four, il faut que je
me nourrisse, que je nourrisse ma femme, pas vrai?
Et si nous avions des enfants, alors, comment nous
ferions?

*La belle boulangère ne dit rien. Elle se couche. Le
boulanger lit encore un instant. Puis il tousse, il
regarde sa femme qui vient de lui tourner le dos.*

LE BOULANGER

Tu dors, Aurélie? *(Elle ne répond pas.)* Elle est
tellement fatiguée, peuchère... Qu'elle est belle,
quand même... Et avec ça, elle ne pense qu'à son
travail...

Il la regarde longuement avec une grande tendresse.
Puis il éteint la lampe, s'allonge, et s'endort. Au bout
d'une minute, il ronfle.

Tout à coup au-dehors, on entend les accords d'une
guitare. La boulangère s'assoit sur le lit. Puis, une
belle voix jeune chante une sérénade en italien.

La boulangère se lève en chemise. Elle va à la
fenêtre. Elle l'ouvre. Elle entrebâille les volets. sou-
dain, le boulanger se réveille. Il s'assoit sur son lit... Il
écoute, il se lève, il va près d'Aurélie.

LE BOULANGER *(ravi)*

Une sérénade! Dis, Aurélie! Une sérénade!
Regarde un peu comme ils sont gentils! Je leur ai fait
du bon pain, et ils viennent me remercier à leur
façon... *(Un temps.)* C'est dommage qu'il chante en
piémontais – ou en corse peut-être. Ou en espagnol,
qui sait? Enfin, je ne comprends pas ce qu'ils disent,
mais le cœur y est.

Dehors, le berger chante au clair de lune avec deux
compagnons.

LE BOULANGER

Ah! C'est joli! Je crois que c'est le berger des
trente kilos de pain. Bravo! Bravo! Attends berger,
ne t'en vas pas! Attends... *(Il court prendre son*
pantalon.) Ça doit être un usage. Ils me font la
sérénade, mais il faut leur donner quelque chose...
Une tourte, ou alors une fougasse et une bouteille de
vin cuit... Justement, il nous reste une fougasse à la
graine d'anis. Je descends la leur donner.

AURÉLIE

J'y vais.

LE BOULANGER

Tu as raison, il vaut mieux que ça soit toi. C'est plus gracieux. Après tout, c'est peut-être un peu pour toi qu'ils sont venus! Parce que tu les as bien servis ce matin.

Elle est descendue. Le boulanger retourne à la fenêtre.

LE BOULANGER *(à la fenêtre)*

Merci, messieurs... Vous êtes bien aimables... Ça me fait grand plaisir que vous soyez venus, merci... toi, le chanteur, entre dans la boulangerie. Ma femme veut te donner quelque chose... Oh! ce n'est pas grand-chose... C'est un petit cadeau d'amitié. Le cadeau du boulanger et de la boulangère... Alors vous l'avez trouvé bon, mon pain?

UN BERGER

Ah! oui, qu'il est bon! Fais-nous-en comme ça tous les jours!

LE BOULANGER *(avec une certaine vanité)*

J'essaierai, et je crois de réussir. Et tout à l'heure vous allez goûter ce que ma femme est en train de donner à votre chanteur... Vous m'en direz des nouvelles!

LE BERGER

Tu crois qu'il y en aura pour tous?

LE BOULANGER

Il y en aura au moins pour tous les trois...

LE BERGER

Depuis le temps qu'il est entré, il doit peut-être le manger tout seul.

LE BOULANGER

Dieu garde! *(Il appelle.)* Aurélie! Aurélie! Si tu allumes pas l'électricité, tu la trouveras pas la fougasse! Tu veux que je descende?

LE BERGER

Oh! vaï, je crois qu'on n'a pas besoin de toi, boulanger. Recouche-toi vite que tu vas prendre froid.

LE BOULANGER

Oh! tu sais, si je me recouche, ça ne sera que pour une heure. Il va falloir que je me lève pour pétrir. Parce que le bon pain, c'est le jour qu'on le mange... mais c'est la nuit qu'il faut le faire.

On entend un pas dans la nuit, puis la voix d'Antonin qui s'avance.

ANTONIN

Ho! boulanger!

LE BOULANGER

Oou! Qui tu es?

ANTONIN

C'est Tonin, de la ferme du Gravas. Dis donc, boulanger, demain matin je vais à la chasse.

LE BOULANGER

Et alors?

ANTONIN

Alors, je t'apporte deux douzaines d'anchois, pour que tu me fasses une fougasse.

LE BOULANGER

Ils sont dessalés?

ANTONIN

Oui... Ils sont tout prêts.

LE BOULANGER

Mets-les sur le comptoir, dans la balance. A quelle heure tu la veux?

ANTONIN

Quatre heures, à peu près.

LE BOULANGER

D'accord. Entre.

ANTONIN

C'est pas éclairé.

LE BOULANGER

Aurélie! Tu le trouves pas, le bouton?

La boulangerie s'éclaire brusquement.

ANTONIN

Ça y est. Elle l'a trouvé.

Il entre.

DANS LA BOULANGERIE

Aurélie et le berger sont debout près du comptoir.
Antonin s'avance.

LE BERGER

Il tient sa fougasse à la main.

Alors, je vous remercie bien. *(A Antonin.)* Elle
m'a donné cette fougasse.

ANTONIN

Elle est belle. *(Il tend son petit paquet à la
boulangère.)* Madame Aurélie, c'est des anchois.
Votre mari m'a dit de les mettre sur la balance. Et
dites-lui que, pour ma tarte, je la préfère pas trop
cuite... *(Il va sortir, il essaie d'entraîner le berger.)*
Alors, Dominique, tu viens?

LE BERGER

Oui, je viens. *(A la boulangère.)* Alors, au
revoir.

AURÉLIE

Au revoir, berger.

Le berger sort. Antonin le suit. Aurélie les raccom-
pagne. Antonin l'arrête.

ANTONIN

Ne sortez pas comme ça, madame Aurélie. Vous
risquez de prendre froid. Je vous fermerai les
volets.

Merci.

Antonin et le berger sont sortis.

DANS LA CHAMBRE DU BOULANGER

Le boulanger fait ses adieux tout en refermant les volets.

LE BOULANGER
Ce n'est rien, berger; c'est de bon cœur. Au revoir.

Il referme sa fenêtre. Aurélie entre.

LE BOULANGER
Tu n'as pas eu froid?

AURÉLIE
Non.

LE BOULANGER
Tu lui as donné bien poliment?

AURÉLIE
Oui.

LE BOULANGER
Je crois que ça leur aura fait plaisir.

AURÉLIE
Oui.

Elle se recouche. Le boulanger éteint la lampe.

DANS LA COLLINE

Sur un sentier, les trois bergers remontent vers leur ferme.

ESPRIT
D'après ce que tu m'avais dit ce matin, quand même tu t'en doutais un peu!

DOMINIQUE
Je n'aurais jamais cru que ça aille si vite.

BARTHÉLEMY
Tu nous racontes pas une histoire?

DOMINIQUE *(il est tout ému)*
Oh! non. Ça, non! A peine je suis entré dans la nuit, j'ai entendu comme un bruit d'étoffe; et puis une respiration profonde : et puis deux bras autour de mon cou. Et puis, elle m'a mordu la bouche.

ESPRIT
Ça, par exemple!

DOMINIQUE
Tiens, touche mon cœur.

ESPRIT *(il touche le cœur de Dominique)*
On dirait des coups de marteau!

BARTHÉLEMY
Tu es pas un peu fou, de te mettre dans des états pareils pour une femme comme ça?

DOMINIQUE

Des femmes comme ça, j'en ai jamais vu, même en rêve.

ESPRIT

Tu rigoles! Ce matin, elle fait ta connaissance, et ce soir elle te mange les babines! Quand ça vous prend si vite, c'est que ça vous prend souvent.

DOMINIQUE

Pourquoi?

BARTHÉLEMY

Si c'est vrai ce que tu nous dis, tout le village va y passer!

DOMINIQUE *(pâle)*

Ne répète jamais une chose pareille, tu entends? Menteur! Ne dis pas de mal d'elle, parce que je t'estropie pour la vie!

ESPRIT *(il l'arrête)*

Oou, Dominique, qu'est-ce qui te prend?

DOMINIQUE *(à voix basse)*

Je l'ai vu ce matin, sur sa figure, brusquement : elle m'aime d'amour. Et tu ne sais pas ce qu'elle m'a dit? Elle m'a dit : « Si tu es un homme, trouve-toi derrière l'église à cinq heures, avec un cheval : tu m'emporteras où tu voudras. » Elle quitte son mari, sa boulangerie, ses sous, son pain. Elle veut tout perdre pour moi. A cinq heures derrière l'église...

ESPRIT

Et tu vas y aller?

DOMINIQUE

Je ne sais pas. Je crois que oui.

BARTHÉLEMY

Et le mari?

DOMINIQUE

Entre la première fournée et la deuxième, il dort deux heures à côté du four. Il ne la verra pas passer...

ESPRIT

Et où tu la mèneras?

DOMINIQUE

Je ne sais pas.

BARTHÉLEMY

Il est fou. Au moins donne-moi la fougasse qu'on la goûte!

Il prend la fougasse, en arrache un morceau et tend le reste à Esprit.

Et maintenant l'aube va se lever. Nous revenons dans le fournil.

Antonin, prêt à partir pour la chasse, attend assis sur un sac. Il tient la laisse de son chien, son fusil est debout contre le mur. Le boulanger, en tenue de travail, parle.

LE BOULANGER

C'est une habitude à prendre. Il y a des boulangers qui dorment toute la journée. Moi, non. Le soir, vers sept heures, je prépare tout, puis je vais me coucher. A une heure du matin, je me réveille, et je descends pétrir. Puis j'enfourne. Et tu vois, quelle heure il est?

ANTONIN

Quatre heures juste...

LE BOULANGER

C'est rare si j'ai pas fini à quatre heures juste. Alors pendant que la fournée se cuit, je dors encore une heure et demie, là, près du four. Et à six heures et demie, en descendant, ma femme me réveille. Je sors ma première fournée, et je prépare la seconde pour dix heures. De quel côté c'est que tu vas chasser?

ANTONIN

Dans les prés, le long de la Durance. *(Mystérieux.)* Je sais deux lièvres : ça m'étonnerait bien si j'en rapportais pas un.

LE BOULANGER *(il ouvre la porte du four)*

Tiens, regarde-la, ta fougasse, et dis-moi si elle te va comme ça. Elle commence à peine à se dorer.

ANTONIN *(gourmand)*

C'est ça, c'est tout à fait ça...

LE BOULANGER

Alors je la sors. *(Il prend la grande pelle, il défourne la fougasse.)* Touche pas qu'elle te brûlerait. Je vais te la mettre dans le carnier. *(Avec deux morceaux de chiffon, il prend la fougasse et la met dans le grand carnier.)* Ça va te chauffer les fesses, Tonin.

ANTONIN

Avec le petit vent du matin, ça m'ira tout à fait bien. Combien je te dois, boulanger?

LE BOULANGER

Comme c'est la première que je te fais, tu me dois un petit merci et voilà tout.

ANTONIN

Ça, c'est gentil. Mais alors, à midi, je t'offrirai l'apéritif au cercle.

LE BOULANGER

L'apéritif, à moi? Oh! que non : je ne bois même pas de vin.

ANTONIN

Ah bien, alors, je t'apporterai deux grives. Puisque tu me donnes de ta boulange, je te donnerai de ma chasse... Adieu, boulanger. Je file vite parce que le jour va pointer. *(Il tire sur la laisse du chien.)* Allez, zou, Souffrance, on y va?

LE BOULANGER

Pourquoi tu l'appelles Souffrance?

ANTONIN

Je l'ai trouvé quand il était petit, tout plein de gale, avec une patte cassée. Il souffrait beaucoup. Alors j'y ai mis Souffrance.

LE BOULANGER

Et pourquoi il est tout gonflé comme ça? On dirait qu'il est plein de bouffigues.

ANTONIN

Ah! C'est un chien qui aime trop le miel...

LE BOULANGER

Et c'est le miel qui le fait gonfler?

ANTONIN

Non. C'est les abeilles. *(Sur la porte.)* Dis-moi m... pour me porter bonheur.

LE BOULANGER *(gentiment)*

M...

ANTONIN

Merci.

Il s'en va. Le boulanger bâille. Il examine son four, puis il se couche dans un vieux pétrin et il s'endort.

DANS L'ÉCURIE DU CHATEAU

Il y a le berger qui selle un cheval. Esprit l'aide.

ESPRIT

Tu ferais bien de réfléchir encore un peu.

DOMINIQUE *(il est fébrile)*

Réfléchir! Je ne peux plus. Je ne peux plus. Il faut que je parte avec elle. Je peux pas attendre deux minutes. Il faut que je la touche, que je la voie, que je sente son odeur. Elle m'a mis le feu dans le sang. De penser à elle, ça me fait trembler.

ESPRIT

Et tu crois qu'elle voudra venir?

DOMINIQUE
Elle est aussi folle que moi. Quelle heure c'est?

ESPRIT
Il manque vingt minutes pour cinq heures.

Un silence. Dominique va et vient fiévreusement.

ESPRIT
Il me semble que tu n'as plus ta raison.

DOMINIQUE
Tu te rappelles, l'année dernière, quand tu avais pris froid, et qu'un peu plus tu mourais? D'abord, tu avais eu le frisson, deux ou trois fois, et tu m'avais dit : « Je me sens tout drôle... Je ne vois plus où je pose mon pied quand je marche. » Eh bien, je suis comme ça depuis ce matin, depuis qu'elle m'a regardé. Vers le soir, la fièvre t'a pris. Tu voulais sortir de ton lit. Nous étions trois pour te tenir. Tu criais, tu pleurais, tu voulais sortir par la fenêtre... Alors il est venu le maître berger, celui de Ganagobie, et il t'a fait un remède avec des herbes, et la mort est sortie de la chambre. Eh bien, moi, je suis comme toi ce soir-là. Mais c'est pas une herbe qui peut me guérir. Je sens que j'ai perdu toute ma force, je fais des gestes sans le vouloir, le sang me brûle les oreilles... Tu vois, j'ai soif depuis deux heures, et pourtant je ne veux pas boire, parce qu'elle m'a mordu la bouche... La fougasse, j'en ai pas voulu, parce qu'après ce qu'elle m'a fait, il me semble que ce serait sale de manger dessus. Esprit, il faut que je parte... Ne me parle pas de l'oublier : je ne peux pas.

ESPRIT

Et notre monsieur, dis, qu'est-ce qu'il va dire?

DOMINIQUE

Tu lui expliqueras que c'est pour une femme. Il comprendra.

ESPRIT

Pour toi, de tout sûr, il comprendra. Mais le cheval? Il va gueuler pour le cheval.

DOMINIQUE

Oh! mais le cheval, je le renverrai. Je le confierai à quelque paysan, qui le ramènera jusqu'au village...

ESPRIT

Ou qui ira le vendre à l'abattoir...

DOMINIQUE

Non, non. Je sais de qui je parle.

ESPRIT

Et de l'argent, tu en veux un peu?

DOMINIQUE

Merci. J'ai pris mes économies. *(Il s'approche de son chien qui dort.)* Tu t'occuperas de Poilu, hein?

ESPRIT

Sois tranquille.

DOMINIQUE

Il se penche vers le chien.

Adieu, Poilu. Ce qui m'arrive, ça t'est arrivé

l'année dernière. Et quand tu es revenu, je t'ai frappé. Je ne savais pas.

Il embrasse son chien. Il saute à cheval et s'en va dans la nuit.

DANS LA CHAMBRE DU BOULANGER

Sans bruit, la boulangère a fait ses paquets. Elle se farde, elle met un fichu. Puis elle écoute. Elle sort sur la pointe des pieds, en portant ses souliers à la main. Elle descend l'escalier, et la voici dans le fournil. Le boulanger dort de tout son cœur, allongé dans le vieux pétrin. Elle passe à côté de lui comme une ombre. Sur le comptoir de la boutique, elle dépose doucement le grand trousseau de clefs, et maintenant la voilà dans la rue, qui s'enfuit sous le petit jour. Elle va vers l'église : et voici le berger qui l'attend à cheval. Elle s'approche, elle tend les bras vers lui. Sans dire un mot, il la prend par la taille, l'assoit devant lui, l'enveloppe dans sa grande pèlerine. L'Angélus sonne. Le cheval part au galop.

Un peu plus tard, devant le Cercle, Casimir ouvre ses volets. Tout à coup, il flaire l'air. Puis il regarde vers le ciel.

De la cheminée de la boulangerie une épaisse fumée noire sort en énormes spirales.

CASIMIR

Il a foutu le feu au four!

Il part en courant vers la boulangerie.

64

Dans la boulangerie, à travers une épaisse fumée qui le fait tousser, Casimir entre en courant.

CASIMIR

Boulanger! Boulanger!

LE BOULANGER

Quoi? *(Il bondit de son pétrin.)* Oh! malheureux! *(Il ouvre le four.)* Ça y est! ma fournée est foutue. Et un dimanche, encore!

CASIMIR

Tu t'es endormi?

LE BOULANGER *(il est navré)*

C'est pas que je me sois endormi. C'est que je me suis pas réveillé! Ah! bon Dieu!

CASIMIR

Eh bien! Sian pouli!

Il regarde, consterné, les pains de charbon que le boulanger retire du four.

LE BOULANGER

Oh! ça sera vite réparé... Le pain sera prêt deux heures plus tard, voilà tout. C'est ma femme qui me réveille d'habitude... Mais la pauvre – tu comprends... Les fatigues de l'installation... Elle doit dormir comme un enfant... Je vais lui annoncer la catastrophe tout doucement, pour ne pas lui faire de la peine... Je vais la réveiller avec une tasse de café...

Dans la chambre d'Aurélie, il fait nuit, parce que les volets sont fermés.

*Le boulanger entre, et il va poser la tasse sur la
table de nuit.*

LE BOULANGER *(à mi-voix)*

C'est moi, Cocotte... Tu t'es endormie... Mais ne
t'inquiète pas... Je me suis réveillé tout seul. Au
fond, nous ferons bien d'acheter un réveille-matin.
Ça te permettra de dormir plus tard... *(Il ouvre la
fenêtre et le jour entre. Le boulanger va vers le lit.)*
Aurélie! *(Il touche les couvertures. Il les soulève.
Dans le lit il y a des couvertures roulées. Le boulanger
recule, effaré. Puis, il rit.)* C'est une blague! Aurélie!
Ma belle! Ton café sera froid... Aurélie!

Il regarde autour de lui, il rit drôlement.

DANS LA CAMPAGNE, *le cheval du marquis
emporte les amoureux.*

DANS LE FOURNIL, *Casimir boit une tasse de
café voluptueusement. Miette, qui venait chercher du
pain, est en face de lui.*

MIETTE

Tu crois qu'il en fera avant midi?

CASIMIR

Mais oui, ma belle! Je lui donnerai un coup de
main, s'il en a besoin!

Le boulanger entre, perplexe, mais souriant.

LE BOULANGER

Ma femme me fait une blague... Elle s'est
cachée.

Et où?

LE BOULANGER

Ma foi, j'en sais rien, je l'ai laissée au lit à deux heures du matin – et maintenant à sa place, elle a mis un rouleau de couvertures, et elle n'est plus là.

CASIMIR

Ça, quand même, c'est un peu drôle.

MIETTE

Elle montre un grand trousseau de clefs sur le comptoir.

Et ces clefs, qu'est-ce que c'est?

LE BOULANGER *(frappé)*

C'est son trousseau. Elle a laissé son trousseau. *(Brusquement.)* Ah! je sais où elle est... Elle doit être au jardin... Elle est passée pendant que je dormais, et elle est allée au jardin... Alors, comme elle a pensé que je pourrais avoir besoin d'ouvrir une armoire ou un tiroir, elle m'a laissé les clefs... Je vais au jardin... Tu me gardes un peu la boutique?

CASIMIR

Oui.

LE BOULANGER

C'est pas loin... C'est juste à l'entrée du village... Je reviens avec elle dans deux minutes...

Il sort.

Tu reviens avec elle si tu la trouves! *(A Casimir.)* Et où tu crois qu'elle est allée?

CASIMIR

Ma foi, ce n'est pas pour en dire du mal, mais elle a un peu l'air d'une créature, avec ce rouge et cette poudre. En quatre jours, elle a peut-être déjà trouvé un galant...

MIETTE *(effrayée)*

Mon Dieu! Qui sait si mon mari est bien allé à la chasse? Vé, les jambes me manquent!

CASIMIR

Va, ne t'inquiète pas pour ton mari. C'est pas ce genre-là qu'il lui faut. Non... Elle a dû trouver quelque bel homme dans le genre de Patrice, ou peut-être alors ce coquin de marquis, et il doit être en train de la mignoter dans le coin d'une grange... C'est son habitude... Va, va, quand elle va revenir, ça ne m'étonnerait pas si elle avait de la paille dans le dos.

AU BORD D'UNE ROUTE

Il y a plusieurs jardins séparés par des haies. Dans l'un d'eux, un vieux paysan pioche. Le boulanger arrive en courant.

LE BOULANGER

Aurélie!

Il entre dans son jardin, qui est inculte, il s'approche de la haie, il appelle le vieux paysan qui est sourd.

Papé! Ho! Papé!

Le vieux se relève et s'approche.

LE VIEUX

Quoi?

LE BOULANGER

Vous avez pas vu ma femme?

LE VIEUX *(la main en cornet)*

Quoi?

LE BOULANGER

Vous avez pas vu ma femme?

LE VIEUX

Ta femme? Si je l'ai vue?

LE BOULANGER

Oui. Vous l'avez vue?

LE VIEUX

Je la connais pas... Je savais même pas que tu étais marié.

LE BOULANGER

Mais ici, ce matin, il n'est pas venu une femme?

LE VIEUX

Oui, il en est venu une. Elle ramassait des limaçons. C'est une grande vieille, avec un peu de barbe... C'est sûrement pas ta femme, quand même.

LE BOULANGER

Non, c'est pas elle.

LE VIEUX

Alors, comme ça, tu es marié? Et tu ne sais pas où est ta femme?

LE BOULANGER

Si, je le sais... Elle est à l'église... Mais je me demandais si, avant d'y aller, elle n'était pas passée ici...

LE VIEUX

Oh! non... Ça, non...

Le boulanger part en courant.

Ma foi! C'est peut-être pas à l'église qu'elle est? Enfin... Aussi, quand on est boulanger, quelle idée de se marier!

DEVANT L'ÉGLISE

Le boulanger passe sur la place, et il entre dans l'église. Nous le suivons. La petite église est déserte, et il y fait presque nuit.
Le boulanger entre. Il appelle.

LE BOULANGER

Aurélie! Aurélie!

Il fait le tour de l'église. Il n'y a personne. Soudain une porte s'ouvre, et le curé paraît, revêtu de ses ornements sacerdotaux. Il voit le boulanger, il marche droit sur lui.

70

LE CURÉ

Que faites-vous là, avec ce bonnet ridicule?

LE BOULANGER

Il se découvre.

Excusez-moi, monsieur le Curé. C'est que je suis un peu inquiet. Ma femme a disparu depuis deux heures... Je suis allé voir au jardin : elle n'y est pas... Alors je me suis pensé que, peut-être, par hasard, elle serait venue à l'église.

LE CURÉ

Vous avez raison de dire par hasard, car je ne l'ai pas encore vue ici.

LE BOULANGER

Nous ne sommes arrivés que depuis cinq jours et il n'y a pas eu de dimanche... Mais aujourd'hui elle viendra probablement.

LE CURÉ

Une femme qui va probablement à la messe le dimanche n'est probablement pas une femme qui vient à l'église à sept heures du matin.

LE BOULANGER

Je vous dis ça parce que quand nous étions à Manosque, elle y allait tous les jours, vers six heures et demie. Pendant que je faisais ma seconde fournée, oui, chaque matin. Et vous savez, ce n'était pas pour se faire remarquer, au contraire. Elle se mettait dans un petit coin, derrière un pilier – et elle se cachait si modestement que personne ne l'a jamais vue. Alors, je croyais qu'aujourd'hui...

LE CURÉ

Si elle est ici aujourd'hui, elle se cache aussi bien qu'à Manosque.

LE BOULANGER *(perplexe)*

Si elle est pas ici, je me demande où elle peut être.

LE CURÉ

Et Dieu, vous ne vous demandez pas où il est?

LE BOULANGER

Ça non, monsieur le Curé. Parce que Dieu je sais où il est. Il est là.

Il montre l'autel.

LE CURÉ *(avec bonté)*

Il est partout, mon ami, et je souhaite qu'en ce moment même, il soit auprès de votre femme...

LE BOULANGER

Je le souhaite aussi, monsieur le Curé, j'aimerais mieux que ce soit lui qu'un autre.

LE CURÉ

Souvenez-vous que si un jour vous avez besoin de consolations, c'est ici que vous les trouverez et pas ailleurs.

LE BOULANGER

Je le sais, monsieur le Curé.

LE CURÉ

Je vais dire la messe de sept heures. C'est dimanche, profitez-en. Asseyez-vous.

Le boulanger, hésitant, s'assoit. Le curé monte à l'autel. La messe commence.

*
* *

Cependant, Antonin se glisse le long d'une haie, au bord d'un grand champ labouré. Son chien Souffrance quête devant lui. Antonin avance en se dissimulant, pour tâcher de surprendre le gibier. Brusquement, il s'arrête, et il regarde entre deux branches. Un cheval arrive au galop, de l'autre côté de la haie. Tonin paraît stupéfait. Il murmure : « Té vé... vé... Dominique... Et la boulangère! » Il se cache, le cheval passe au galop.

À LA TERRASSE DU CERCLE

Barnabé, Casimir, le boulanger et l'instituteur sont assis sur le parapet.

LE BOULANGER

Et alors le curé en a profité pour me filer une messe en première. J'y ai rien compris. Après, il m'a dit d'avoir confiance dans la bonté de Dieu. C'est bien gentil de sa part, mais tout ça ne me dit pas où elle est.

L'INSTITUTEUR

Vous ne vous étiez pas disputés hier au soir?

LE BOULANGER

Pensez-vous! Nous sommes mariés depuis cinq ans et nous n'avons jamais eu la moindre dispute. Et puis d'abord, c'est une femme très calme, et qui ne parle pas beaucoup...

CASIMIR

Mais toi, en réfléchissant bien, tu n'as aucun soupçon, aucune idée sur la direction qu'elle aurait pu prendre?

LE BOULANGER

Il n'y a qu'une chose qui soit encore possible. Elle s'est languie de sa mère, et elle est allée la voir. C'est à quinze kilomètres d'ici.

BARNABÉ

Et pourquoi elle ne te l'aurait pas dit?

LE BOULANGER

Elle a peut-être eu peur que je lui refuse. Et puis, va savoir : une femme, ça a des idées brusques, des envies... C'est un peu comme les chèvres, tu sais... Pour moi, au fond, ça doit être ça. Ce changement, cette installation, ça l'a énervée, ça lui a donné un coup de cafard, et elle a eu envie de voir sa mère. Parce qu'elle aime beaucoup sa mère. Si vous saviez comme elle aime sa mère!

L'INSTITUTEUR

Elle doit aller la voir souvent, je suppose?

LE BOULANGER

Oh! Tant qu'elle peut!

BARNABÉ

Et toi, pendant ce temps, qu'est-ce que tu fais?

LE BOULANGER

Eh bien moi, qu'est-ce que tu veux que je fasse? Je pétris.

L'INSTITUTEUR

Evidemment.

LE BOULANGER *(qui rit)*

Il est rigolo, lui! Et qu'est-ce qu'il voudrait que je fasse?

Et voici Tonin qui arrive. Il porte un lièvre par les oreilles.

CASIMIR

Ho! Tonin! Tu as plus de place dans ton carnier, que tu le portes à la main?

ANTONIN

Eh! fada, si je le mets dans le carnier, personne le voit. Surtout qu'il est beau.

CASIMIR

Il est beau. Mais il sera dur. Il a trois ans.

ANTONIN

Hé! le jaloux! Et toi, quand tu as tué ton chien basset, en croyant de tirer un lièvre, quel âge il avait? *(Il tire deux grives de son carnier.)* Té! boulanger, j'ai tes grives. Il y en a une grosse et une petite. La sayre c'est plus gros. Mais le tordre c'est meilleur.

LE BOULANGER

Merci, Tonin. Merci. Tu es brave.

L'INSTITUTEUR

Seulement, maintenant avec deux grives, il en a une de reste. Sa femme a disparu.

LE BOULANGER

Oh! Disparu! Non, elle n'a pas disparu. Elle n'est plus ici, voilà tout. Parce qu'elle est probablement chez sa mère. Remarque que je n'en suis pas sûr. Mais enfin, où serait-elle? Hein? *(Il regarde Antonin qui baisse les yeux.)* Tu le sais, toi? Des fois, tu ne l'aurais pas rencontrée?

ANTONIN

Moi? Je ne crois pas.

LE BOULANGER

Tu n'as vu personne?

ANTONIN *(gêné)*

Oh! évidemment, j'ai vu du monde. Tiens, j'ai rencontré le facteur qui montait... Il était en bicyclette... J'ai vu un homme qui labourait, au plateau de la Badauque... Et puis, j'ai vu... Enfin il m'a semblé voir... Un cheval... qui passait...

LE BOULANGER

On te parle pas d'un cheval. Je te demande où est ma femme.

CASIMIR

Il était seul ce cheval?

ANTONIN

Naturellement, il avait du monde sur l'esquine.

LE BOULANGER

Une femme?

ANTONIN

Il m'a semblé : une femme.

LE BOULANGER

Alors, c'est pas la mienne. Elle ne sait pas monter à cheval. Tu penses : les chevaux, ça lui fait peur rien que de les voir! Non, non, elle ne serait pas montée sur un cheval.

L'INSTITUTEUR *(soupçonneux)*

Cette dame, sur ce cheval, elle n'était peut-être pas seule?

ANTONIN

Non. Elle n'était pas seule. Devant elle, il y avait un homme. Et elle se tenait à son cou.

LE BOULANGER *(joyeux et convaincu)*

Oh! alors, ce n'était pas elle. Elle n'est pas si familière que ça. Non, non, plus j'y pense, plus j'en suis sûr. Elle est allée chez sa mère, comme ça, brusquement.

L'INSTITUTEUR

En bonne logique, si elle est allée chez sa mère et sans vous le dire, de peur d'un refus, il me semble qu'elle vous aurait laissé un petit mot sur un papier...

LE BOULANGER *(soudainement illuminé)*

Mais naturellement, qu'elle m'a laissé un papier! Seulement moi, comme un grand imbécile que je suis, je n'ai pas pensé à regarder. Il doit être sur la commode! Oh certainement, je vais le chercher... Merci, monsieur l'Instituteur! Je vais le chercher.

Il part en courant.

L'INSTITUTEUR

Il se lève.

Accompagnons-le, parce qu'il ne le trouvera pas.

Ils s'en vont tous quatre vers la boulangerie, pensifs.

CASIMIR *(à Antonin)*

Quand même, les femmes! c'est incroyable. C'était elle que tu as vue?

ANTONIN *(prudent)*

Ça, écoute, ne me fais pas dire ce que je n'ai pas dit. J'ai vu un cheval. Il portait un homme et une femme. Il s'en allait du côté des marais. L'homme ressemblait au berger du marquis. La femme ressemblait à la femme du boulanger.

Ils sont arrivés devant la boulangerie. Le boulanger est à la fenêtre du premier étage. Il appelle les arrivants.

LE BOULANGER

Pstt! Pstt! Le papier n'est pas dans la chambre. Mais comme j'ai laissé la fenêtre ouverte depuis deux heures, le courant d'air l'a peut-être emporté. Regardez un peu si vous ne le trouvez pas, ici ou de l'autre côté du mur...

L'INSTITUTEUR

Bon. On va le chercher! *(A voix basse, aux autres.)* Ou enfin, on va faire semblant...

Dans la rue, au loin, on voit arriver le marquis à cheval, suivi d'un berger, Esprit. Il s'arrête devant la boulangerie. Esprit saute à terre, et tient la bride des deux chevaux.

LE MARQUIS

Le boulanger est ici?

L'INSTITUTEUR

Oui, monsieur. Il est dans sa chambre.

LE MARQUIS

Merci.

Il entre dans la boulangerie. Tous ceux qui étaient dehors s'approchent du berger.

L'INSTITUTEUR

Alors, comme ça, elle est partie avec lui?

ANTONIN

Faites attention, monsieur l'Instituteur. J'ai dit « ressemblait ». Je ne dis pas que c'étaient eux. Mais enfin, ça leur ressemblait. Et puis, de la façon qu'ils se tenaient, ça ressemblait à des gens qui s'aiment, et qui vont n'importe où pour s'embrasser tranquillement. Et si vous voulez mon avis, ça ressemblait à des gens qui ne reviendront pas; et notre pauvre boulanger, il ressemble énormément à un cocu.

L'INSTITUTEUR

Il fallait s'y attendre.

CASIMIR *(tristement)*

On a beau s'y attendre, mais quand ça ne doit pas arriver, ça n'arrive pas. Ah! ce n'est pas ma femme qui s'envolerait avec un berger! Elle n'est pas si bête!

BARNABÉ

C'est les bergers qui ne sont pas si bêtes.

79

ANTONIN

Et puis ta femme, avec les tétasses qu'elle a, c'est pas un berger qu'il lui faudrait, c'est un bouvier!

CASIMIR *(navré)*

Et qu'est-ce que tu veux? Des bouviers, ici, il n'y en a pas.

BARNABÉ

Alors, Esprit?

ESPRIT

Eh bien, quoi, Dominique est parti avec la femme. Et ils ont emmené Scipion. Le plus beau cheval. Le vieux en fait une maladie...

ANTONIN *(rigolard)*

Vous voyez, je vous l'avais dit : « Il me semblait » de les avoir reconnus...

DANS LA SALLE À MANGER
DU BOULANGER

Le marquis entre. Le boulanger le suit. Le marquis se retourne vers lui.

LE MARQUIS

Ferme la porte *(le boulanger ferme la porte)*. Eh bien, mon pauvre Aimable, tu es au courant?

LE BOULANGER

Au courant de quoi?

LE MARQUIS

Ta femme?

LE BOULANGER

Ah! C'est de ça que vous voulez parler? Oui, je suis au courant. Elle est allée chez sa mère. Elle m'a laissé un petit papier que le courant d'air a dû emporter... Nous le cherchons, justement... Vous avez des nouvelles, vous?

LE MARQUIS *(avec compassion)*

Eh oui, mon vieux, j'ai des nouvelles. Elles sont terriblement précises : ta femme est partie avec Dominique, mon premier berger.

LE BOULANGER *(stupéfait)*

Allons donc, monsieur le Marquis! Ce n'est pas raisonnable ce que vous dites... Qui est-ce qui a pu vous raconter ça?

LE MARQUIS

Ta femme et mon berger sont partis ce matin à cinq heures, et pour s'enfuir, ils ont volé Scipion, mon meilleur cheval.

LE BOULANGER *(indigné)*

A cheval? Il l'aurait emporté à cheval? Eh bien, il en aurait du toupet, celui-là, de la faire monter à cheval! Mais dites, et si elle tombait et qu'elle se casse une jambe? Et puis alors, où seraient-ils en ce moment?

LE MARQUIS

Ça, on n'en sait rien.

LE BOULANGER

Et qu'est-ce qu'ils auraient bien pu aller faire ensemble?

LE MARQUIS

L'amour, tout bêtement...

LE BOULANGER *(indigné)*

Allons donc, monsieur le Marquis! Ils se sont vus pour la première fois hier! Mais vous ne savez pas qu'Aurélie, il a fallu que je lui fasse la cour pendant trois ans avant qu'elle me dise « oui », et encore c'était pour l'épouser!

LE MARQUIS

Ça n'est peut-être pas la même chose...

LE BOULANGER

Ah! Bon Dieu! Ça non, alors! Si vous la connaissiez, Aurélie, vous penseriez à tout, sauf à ça. Ecoutez, nous sommes entre hommes, je peux vous faire des confidences... Eh bien, c'est une femme que ces choses de l'amour, ça ne l'intéresse pas du tout. Ah! parlez-lui de vendre du pain, de faire sa caisse, de broder des combinaisons, mais ne lui parlez pas d'amour, elle ne vous écouterait même pas!

LE MARQUIS

Il montre une rangée de romans à quarante sous, alignés sur la cheminée.

Ce n'est pourtant pas toi qui lis ces livres-là?

LE BOULANGER

Oh! bien sûr que non. C'est elle. Ah! des romans d'amour, elle en lit tout le temps; mais c'est parce qu'elle les trouve comiques.

LE MARQUIS

Qui t'a dit ça?

LE BOULANGER

Je l'ai vu. Tenez, un jour, pendant que je préparais mon levain (c'était en hiver), elle était assise près du four, sur un sac de farine. Elle lisait un livre, et ça avait l'air de l'intéresser. Et tout d'un coup, elle lève la tête, elle me regarde. Et elle se met à rire d'une force qu'elle ne pouvait plus s'arrêter. Alors, je lui dis : « Qu'est-ce que tu lis? » Elle me fait : « Un roman d'amour. » Et c'était vrai; c'était écrit sur la couverture! Elle a tellement ri, monsieur le Marquis, que du rire, elle a pris une crise de nerfs, et qu'après elle en a pleuré toute la nuit.

LE MARQUIS

Oui, ça lui avait paru tellement rigolo... Ah! les femmes sont compliquées.

LE BOULANGER

Oh! là! là! Pire qu'une montre! Mais elle, moi, je la connais, et je dois vous dire qu'avant de l'épouser, j'ai bien réfléchi pour la comprendre... N'est-ce pas, quand on a plus de quarante ans et qu'on se marie avec une fille de vingt ans, il faut prendre ses précautions. J'avais remarqué qu'elle n'écoutait pas volontiers les jeunes gens, ils ne lui plaisaient pas... Et d'abord, si elle avait aimé les beaux garçons, est-ce qu'elle se serait mariée avec moi?

LE MARQUIS

L'un n'empêche pas l'autre...

LE BOULANGER

Mais non, je ne suis pas joli, je le sais... Si on

faisait le compte du tout, au fond, j'en vaux bien d'autres. Seulement, moi, ce que j'ai de bien, ce n'est pas à la devanture... Vous me comprenez? Ce serait plutôt à l'intérieur du magasin.

LE MARQUIS

Ça, boulanger, je commence à le croire...

LE BOULANGER

Mais pour en revenir aux jeunes gens, figurez-vous que deux jours avant notre mariage elle me dit : « Aimable, je dois te prévenir qu'avant de te connaî-tre, j'ai eu un amant. » Ça m'a choqué, comme vous pensez. Elle me fait : « C'était un jeune homme des environs, très grand, très beau, et avec une bonne situation. C'était un danseur extraordinaire. » Je lui dis : « Et où est-il? » Elle me fait : « Il est mort. » Et c'était vrai... Eh bien, elle m'a dit ça avec un calme, un sang-froid, quelque chose de glacé. Alors, je l'ai épousée quand même, parce que je me suis dit : « Aimable, tu ne risques rien. Il est mort et par conséquent tu es beaucoup plus beau que lui. »

LE MARQUIS

Parfaitement raisonné.

LE BOULANGER

Et même, j'ai presque été content de cette histoire, parce que sa façon de parler du pauvre mort me faisait croire qu'elle n'avait pas de tempérament. Eh bien, l'expérience m'a prouvé que j'avais raison. Quand je l'embrasse, elle se laisse faire, sans dégoût, mais sans plaisir... Une porte ressentirait plus d'émo-tion... Et vous savez, je vous en parle savamment; je suis son mari depuis cinq ans. Tout ça pour vous dire, monsieur le Marquis, que malgré qu'elle soit belle, élégante, qu'on ait tant de plaisir à la regarder, et qu'elle semble faite pour l'amour, eh bien, l'amour n'est pas fait pour elle.

LE MARQUIS

En somme, ce serait une magnifique fleur sans parfum.

LE BOULANGER

Vous l'avez dit, monsieur le Marquis; une merveilleuse fleur sans parfum.

LE MARQUIS

C'est peut-être toi qui es enrhumé.

LE BOULANGER

Moi? Oh! pas plus! Jamais un rhume, jamais une angine. Et puis ce n'est pas ça qui pourrait refroidir une femme... Non, non, votre berger, je n'y crois pas.

LE MARQUIS

Bon. *(Il se lève, il va à la porte, il appelle.)* « Esprit! Esprit! Viens ici! » *(Il revient s'asseoir.)* C'est mon second berger, il va te raconter la chose.

LE BOULANGER

Et d'où est-ce qu'il la sait?

Entre Esprit. Il a l'air embarrassé.

LE MARQUIS

Où est Dominique?

ESPRIT

Il est parti.

LE MARQUIS

Avec qui?

ESPRIT

Scipion.

LE MARQUIS

Et qui encore?

ESPRIT

La boulangère.

LE BOULANGER

Qui a dit ça?

ESPRIT

C'est Dominique. Il avait rendez-vous derrière l'église.

LE BOULANGER

Il t'a dit qu'il reviendrait quand?

ESPRIT

Il a pris ses économies. Il a embrassé son chien. Ça veut dire qu'il ne reviendra pas... Et puis si vous ne voulez pas le croire, il y a Tonin qui les a vus passer au petit jour...

LE BOULANGER *(à voix basse)*

Monsieur le Marquis, si la maison m'était tombée sur la tête, elle m'aurait peut-être tué complètement, mais ça ne m'aurait pas fait autant de mal...

LE MARQUIS

Je te comprends, mon pauvre vieux. Tu ne te doutais de rien?

LE BOULANGER

Et comment voulez-vous que je me doute d'une chose que même quand on me la dit, je n'arrive pas à la croire? *(Brusquement)*. Mais non, mais non. Mais que je suis bête d'écouter des histoires comme ça! Puisque je vous dis que ce n'est pas possible! Que votre berger soit parti, et que ce voyou vous ait volé un cheval, je le crois puisque vous le dites. Que ma femme soit allée le même jour chez sa mère, ce n'est qu'une coïncidence! Oh! évidemment, si elle ne se dépêche pas de revenir, ça va faire parler les gens... Mais nous qui la connaissons bien, nous ne devons pas faire de suppositions pareilles, voyons! Un peu de bon sens, monsieur le Marquis!

Il se lève.

LE MARQUIS

Eh bien, mon vieux, crois-en ce que tu voudras, mais moi, du bon sens, j'en ai. Mon berger est parti, je peux m'en passer, il a emmené ta femme, ce n'est pas mon affaire. Seulement, moi, je veux revoir Scipion.

ESPRIT

Dominique a promis de le renvoyer.

LE MARQUIS

Oui. Mais quand, avec sa belle, ils vont se trouver à court d'argent, ils sont capables de le bazarder au premier maquignon venu. Il vaut 12 000 francs, Scipion. Pas un sou de moins.

LE BOULANGER *(absent)*

Une belle bête.

LE MARQUIS

Très belle. Je vais déposer une plainte à la gendarmerie. Mon berger ira en prison. Tant pis pour lui.

LE BOULANGER

Ce sera bien fait.

LE MARQUIS

Seulement ta femme ira aussi, comme complice, et peut-être comme instigatrice.

LE BOULANGER

Ça alors, c'est un drôle de mot! Mais elle n'y est pour rien, ma femme, monsieur le Marquis!

LE MARQUIS

Mais enfin, Esprit vient de te dire...

LE BOULANGER

Mais je m'en fous, moi, de ce qu'il dit, Esprit. Ce n'est pas l'Esprit-Saint, quand même! Vous ne voyez pas qu'il est abruti! Qu'est-ce qu'il peut savoir de ma femme, lui, Esprit? Va-t'en, berger de malheur, raconteur de boniments, escagasseur de réputations! C'est à force de regarder tes moutons que tu vois des cornes partout?

Esprit sort discrètement.

LE MARQUIS

Enfin, moi, j'ai voulu te prévenir : je vais déposer ma plainte.

LE BOULANGER

Il le retient.

Il me semble, monsieur le Marquis, que vous allez un peu vite.

LE MARQUIS

Pourquoi?

LE BOULANGER

Ce berger est parti depuis cinq ou six heures, et tout de suite vous l'accusez d'être un voleur! A votre place, j'attendrais un peu.

LE MARQUIS

Toi, tu prends la chose comme tu l'entends, mais moi, je n'ai pas beaucoup de patience. Après tout, moi, je ne suis pour rien dans tout ça. Je perds un berger, je perds un cheval de race, et je ne suis même pas cocu. Alors, je ne prends pas la chose en rigolant...

LE BOULANGER *(lentement)*

Ecoutez, monsieur le Marquis, s'ils ne reviennent jamais, ni le cheval, ni le berger, ni Aurélie, je vous donnerai 12 000 francs.

LE MARQUIS

Où les prendras-tu?

LE BOULANGER

Quand on a tiré sur la pâte pendant vingt ans, on a quand même quelques sous de côté! Si Aurélie ne revient pas, les sous j'en aurai plus besoin. Et si j'ai la preuve que la beauté de ma femme vous a fait tort d'un beau cheval, je vous le paierai. Attendez deux jours. J'attends bien, moi!

LE MARQUIS

Aimable, tu es un brave homme! Donne-moi la main. Je suis avec toi. Je suis avec toi. Tu as un ami, boulanger!

LE BOULANGER

Merci bien, monsieur le Marquis. Vous me faites beaucoup d'honneur.

On frappe à la porte. Le marquis demande : Qu'est-ce que c'est? On entend la voix d'Esprit qui crie : Le cheval est là.

LE MARQUIS

Le cheval est revenu?

ESPRIT *(est entré)*

Oui, monsieur le Marquis.

LE BOULANGER *(pâle)*

Tout seul?

ESPRIT

Tout seul.

DEVANT LA BOULANGERIE

Il y a tous les camarades et, au milieu de la rue, Scipion, qu'Antonin tient par la bride, Mlle Angèle est dans le groupe, et elle pérore.

MLLE ANGÈLE

C'est un paysan que je ne connais pas. Il est venu jusqu'au milieu de la place, il a attaché la bête à un arbre et il est reparti.

L'INSTITUTEUR

Cet homme-là, est-ce que vous pourriez le reconnaître?

MLLE ANGÈLE

Non, monsieur l'Instituteur... D'abord, il était assez loin de moi. Et ensuite, je ne regarde pas les hommes.

ANTONIN *(joyeux)*

Et vous avez bien raison, parce que les hommes ne vous regardent pas.

La messe sonne, Mlle Angèle qui allait répondre s'écrie : « Mon Dieu! La grand-messe! » Et elle part en courant. Le boulanger sort sur la porte et s'approche du cheval.

LE BOULANGER

Alors, c'est ça, Scipion?

ESPRIT

Oui, c'est ça.

LE BOULANGER

C'est ça, le cheval qui a soi-disant emporté ma femme? *(Il le regarde longuement.)* Non.

LE MARQUIS

Pourquoi non?

LE BOULANGER

Il n'a pas une tête à ça. Non.

ANTONIN

Ecoute, boulanger, nous comprenons très bien...

LE BOULANGER *(dans une explosion)*

Non, non, vous ne comprenez rien, et puis foutez-moi la paix! Mes affaires ne regardent que moi! Et puis, ne restez pas là à me faire perdre mon temps! J'ai brûlé ma fournée, je suis en retard. Je veux vous faire du pain pour midi. Allez vous traînasser au Cercle, et laissez-moi travailler tranquille.

Il rentre brusquement.

ANTONIN

Il est pas bien.

CASIMIR

Oui, il me fait l'effet tout drôle.

ESPRIT

Il dit que ce n'est pas vrai.

LE MARQUIS

Il ne veut pas le croire.

L'INSTITUTEUR

Pensez-vous!

LE MARQUIS

Je ne vous dis pas qu'il ne le croit pas. Je dis qu'il ne veut pas le croire.

DANS LA BOULANGERIE

Le boulanger rentre. Il est perplexe. Il prend et quitte mécaniquement des objets dont il ne fait rien. Il erre. Il regarde le trousseau de clefs... Il prend un seau et le vide dans le pétrin : un flot d'ordures et de papiers froissés en tombe. Il murmure : Qu'est-ce que je fais?

Il pousse un grand soupir. Il murmure : Ce n'est pas possible qu'elle soit partie... Elle va venir à la grand-messe.

Il réfléchit longuement. Les cloches de l'église sonnent le troisième coup de la messe.

AU CERCLE

Dans la grande salle du Cercle, un petit groupe est assis autour d'une table. Casimir verse les apéritifs.

CASIMIR

Cette fois-ci, dans le pain, on trouvera peut-être plus de cigare. Mais on risque d'y trouver des cornes...

Rires.

L'INSTITUTEUR

Il est curieux de constater qu'un mari trompé par sa femme est toujours un sujet de conversation assez comique! Pourquoi?

ANTONIN

Parce que c'est rigolo!

BARNABÉ

Moi aussi, ça me fait rire, qu'est-ce que vous voulez... Cet homme-là qui s'amène, tout fier de sa femme, et la garce qui s'en va le premier jour, avec un berger piémontais, et lui qui ne veut pas le croire... Je ne dis pas que ça soit tordant, mais enfin, quoi, ça porte à rire... C'est joyeux.

MAILLEFER *(qui prépare des crins et des hameçons)*

En tout cas, tout le monde ne parle que de ça, surtout les femmes... Elles en ont parlé même devant le curé! Et tant pis pour le boulanger : c'est un couillon.

DANS L'ÉGLISE

Il y a tous les enfants du village, beaucoup de femmes et quelques hommes. Le jeune prêtre est en chaire.

LE JEUNE PRÊTRE

Et maintenant, mes chers amis, laissez-moi vous parler d'un petit événement local, qui présente pour notre chère paroisse une certaine importance. J'ai entendu, bien malgré moi, les commentaires de toutes nos paroissiennes qui se racontaient le scandale du jour sous le porche même de l'église, et tout, dans leur voix, dans leur ton, dans la couleur de leur visage, prouvait qu'elles prenaient à ce scandale un intérêt passionné.

A ce moment le boulanger entre discrètement. Il a mis son costume des dimanches et il reste près de la porte.

Eh bien, non, mes amis, non. Cet incident déplorable ne doit pas occuper toutes les pensées. Mais puisqu'il me paraît que toutes mes ouailles sont informées de l'accident, tant vaut-il que je l'évoque ici, non point par un esprit de commérage qui, vous le savez, n'est pas dans mon cœur, mais pour en tirer peut-être une profitable leçon.

Lorsque Monseigneur me fit l'honneur de me

confier cette paroisse, je m'aperçus dès mon arrivée que la grand-messe du dimanche réunissait moins de fidèles que les messes matinales de la semaine. Je fus donc très douloureusement surpris. Mais plusieurs de mes pénitentes me confièrent que, si elles ne venaient pas à l'église le dimanche, c'était parce que leurs maris le leur défendaient, et que le dimanche matin, réunis pour des parties de boules devant le saint Lieu, ils auraient pu les voir passer – tandis que les jours de semaine, ces craintives brebis pouvaient venir en cachette se réfugier auprès du Bon Pasteur.

Aujourd'hui mes amis, voici le signe, voici la leçon. Cette femme qui est partie, cette femme qui a quitté un mari honnête et travailleur, un mari pour qui nous avons tous une profonde estime – cette femme – qui était ici depuis plusieurs jours – cette femme n'était pas venue une seule fois à la messe. Espérons que Dieu, avec sa bonté coutumière, lui inspirera un prompt dégoût de son péché, qu'elle passera le reste de ses jours à le regretter, et qu'elle finira par l'effacer, par la confession, le repentir et la prière.

Le boulanger écoute avec recueillement et hoche la tête de temps à autre en signe d'approbation.

Mais ne perdons pas un précieux enseignement. Maris tyranniques! Maris impies, maris aveugles, vous n'êtes pas ici, mais ma parole vous atteindra. Que cette tragédie vous serve de leçon. Sachez que toute femme a besoin d'un berger. Si vous empêchez ces faibles ouailles de se réfugier auprès du Berger des âmes, elles s'envoleront avec un berger de moutons, un berger maudit du Seigneur, un berger qui dévore le cœur de ces innocentes brebis. Si du moins ce ravisseur malhonnête vous fait enfin comprendre vos devoirs, je dirai que cette histoire scandaleuse est un grand bienfait pour la paroisse.

Ici, le boulanger n'approuve plus du tout, bien au contraire, et il ouvre de grands yeux stupéfaits.

Nous devrons tous nous en réjouir, et il nous faut remercier Dieu de cet avertissement salutaire.

Le boulanger dégoûté met son chapeau et sort. Il traverse la partie de boules. Comme il allait se diriger vers le Cercle, sur le seuil de l'église, il rencontre le Papet dans son costume des dimanches. Le Papet l'appelle.

LE PAPET

Dis, boulanger, ce matin, au jardin, tu m'as demandé si j'avais vu ta femme?

LE BOULANGER

Oui. Tu l'as vue?

LE PAPET

Non, ta femme, je la connais pas, je ne l'ai pas vue. Mais ta sœur, je l'ai vue.

LE BOULANGER *(stupéfait)*

Tu as vu ma sœur?

LE PAPET

Oui, la jolie, celle qui vend le pain... Je l'ai vue, mais pas au jardin. C'était ce matin, vers quatre heures et demie. Je passais juste ici, c'est l'endroit qui me fait rappeler. Tu es parent avec le berger du marquis?

LE BOULANGER *(sombre)*

J'en ai bien peur.

LE PAPET

Parce que ta sœur était là, avec lui, sur un cheval. Et ils s'embrassaient d'une force terrible. Je me suis dit : « Ils sont parents, et peut-être qu'ils ne se sont pas vus depuis longtemps! Ou alors s'ils ne sont pas parents, peut-être qu'ils se fréquentent. » Alors j'ai pas fait de bruit... Tu le savais, toi, qu'elle fréquentait, ta sœur?

LE BOULANGER *(tout rouge)*

Ce sont des choses bien naturelles...

LE PAPET

Ah! je comprends que c'est naturel... Et puis vois-tu ça fait plaisir à la jeunesse, et ça ne fait du tort à personne...

Le boulanger s'en va sans mot dire.

LE PAPET

J'ai peut-être trop parlé! Il y en a qui sont jaloux de leur sœur...

À LA TERRASSE DU CERCLE

Il n'y a personne. Le boulanger s'avance et il s'assoit. Il frappe sur la table. Une jeune fille sort.

LE BOULANGER

Une bouteille de Pernod.

LA PETITE
Vous voulez dire un Pernod?

LE BOULANGER
Non. Une bouteille.

LA PETITE
Une demi-bouteille?

LE BOULANGER *(violent)*
Non! Une bouteille d'un litre! Et un arrosoir d'eau filtrée! Un arrosoir, tu as compris! C'est pour BOIRE.

La petite rentre, inquiète, étonnée.

À L'INTÉRIEUR DU CERCLE

Il y a toujours Antonin, Barnabé, Casimir, Pétugue et Maillefer. La petite Hermine entre.

HERMINE
Il y a le boulanger à la terrasse; il a une drôle de tête. Il veut un litre de Pernod et un arrosoir d'eau.

CASIMIR
Un arrosoir? Pour arroser quoi?

HERMINE
Pour arroser le Pernod.

BARNABÉ
Son histoire a dû lui taper sur le cigare. Il veut se soûler.

CASIMIR

Ça se défend.

PÉTUGUE

Mais il faudrait pas qu'il se tue.

BARNABÉ

Venez, on va lui parler.

ANTONIN *(affectueux)*

On va lui doser sa cuite.

Ils se lèvent tous et sortent.

À LA TERRASSE DU CERCLE

Ils sortent. Le boulanger ne relève même pas la tête. Il essaie de rouler une cigarette.

BARNABÉ

Ho! boulanger, à ce qu'il paraît que tu as soif?

CASIMIR

Une bouteille d'un litre! Dis donc, tu n'y vas pas de main morte!

LE BOULANGER *(doucement)*

Ce n'est pas que j'aie tellement soif. Non, je n'ai pas vraiment soif... Seulement, je pense à tout ça, tu comprends? Et puis, je viens de rencontrer le Papet : il a vu ma femme, ce matin, qui partait avec le berger... Il est gâteux, le Papet, mais enfin ça fait le troisième témoin... Alors, on a beau avoir du bon sens et de la confiance, on finit quand même par s'imaginer des choses... *(Il se touche le front.)* Ça

tourbillonne tout, là-dedans. Alors, je me suis dit :
« Je vais boire un grand coup pour être gai. » Ça
vaut mieux que d'aller se noyer.

Il sourit tristement.

ANTONIN

Tu as raison, va, boulanger... Prends la cuite, ça te
soulagera... Hermine, apporte-lui son litre, nous
irons le coucher après.

LE BOULANGER

Je suis été deux fois à la messe aujourd'hui. Et la
deuxième fois, le curé a parlé de ma femme. La
pécheresse, la dévergondée, l'avertissement du Seigneur, et patin-couffin. Lui, il trouve que c'est très
bien comme ça. Il dit que c'est un bon exemple pour
les autres maris du village.

ANTONIN

Oh! il est fou, ce curé! Moi je l'ai dit le premier
jour.

CASIMIR

Au fond, l'idée qu'on peut perdre sa femme en
sachant qu'elle n'est pas malheureuse, ça serait plutôt encourageant.

LE BOULANGER

Il dit que les autres maris, ça va les faire réfléchir.
Ma foi, moi, c'est à moi que le malheur est arrivé, ça
ne m'a pas fait réfléchir du tout. Au contraire, ça
m'empêche...

Il boit son premier Pernod d'un trait.

A la vôtre!

Maillefer sort du Cercle, joyeux, avec son attirail de pêche.

MAILLEFER
Bonjour, boulanger...

LE BOULANGER
Bonjour, Maillefer...

MAILLEFER
Alors boulanger, tu es cocu?

LE BOULANGER
Moi? Oh! que non! Ça, c'est un mot rigolo, un mot pour quelqu'un de riche... Moi, si c'était vrai, je ne serais pas cocu, je serais malheureux. Ce n'est pas pareil, tu comprends?

Il boit encore un grand verre.

A la tienne, Maillefer!

CASIMIR *(consolant)*
Va, va, ils reviendront d'ici trois ou quatre jours.

ANTONIN
Mais c'est forcé! Quand on n'a pas d'argent, hein?

Et voici Miette qui s'avance avec son filet à provisions.

MIETTE

Dites, Aimable, à quelle heure il sera prêt, le pain?

LE BOULANGER *(étonné)*

Le pain? Quel pain?

MIETTE

Notre pain. Le pain que vous faites.

LE BOULANGER

Ah! Du pain, il n'y en a pas.

CASIMIR

Tu n'as pas fait la deuxième fournée?

LE BOULANGER *(simplement)*

Non.

ANTONIN

Peuchère! Il n'a pas eu la force...

LE BOULANGER

Oh! la force, je l'aurais eue. Mais j'ai pas eu l'envie.

CASIMIR

Tu en feras cet après-midi?

LE BOULANGER

Ni cet après-midi, ni demain, ni après-demain, ni jamais... Moi, c'est pour ma femme, que je pétrissais. Je faisais d'abord son pain, pour elle; et après, puisque j'y étais, je faisais celui des autres. Et celui des autres, ce n'était pas du pain, c'était de l'argent pour elle. Tu me comprends? Mais maintenant, si elle est partie, eh bien, du pain, j'en ferai plus.

Alors, à cause de ta femme, nous allons tous manquer de pain?

LE BOULANGER *(doucement)*

Maillefer, on ne peut pas faire plusieurs choses à la fois. On ne peut pas être en même temps cocu et boulanger. A la tienne, Maillefer...

Il boit encore. On voit, au fond de la place, la sortie de la grand-messe.

DANS LA SALLE À MANGER
DU PRESBYTÈRE

Le curé est debout en face du marquis. Il dit le bénédicité. Puis tous deux s'assoient. Sur la table, il y a une énorme truite dans un plat et plusieurs bouteilles couvertes de poussière.

LE CURÉ

Il reprend la conversation que le bénédicité a interrompue.

Je me demande même s'il serait souhaitable qu'elle revînt.

LE MARQUIS

Je suis persuadé que nous ne la reverrons jamais. Il y a des unions mal assorties qui, tôt ou tard, se terminent par quelque désastre.

LE CURÉ *(pensif)*

Je lui souhaite, évidemment, un prompt repentir.

Mais j'aimerais assez qu'elle ne vînt pas se repentir ici.

LE MARQUIS

Pourtant. Dieu pardonne toujours, et il nous ordonne de pardonner.

LE CURÉ

Dans un petit village comme le nôtre, je ne sais pas si le pardon ne ferait pas courir un grand danger à la paix des autres ménages.

LE MARQUIS

Il est certain que pour des âmes simples, le pardon devient une sorte d'approbation du mal.

LE CURÉ

Exactement. Voilà pourquoi, tout en priant pour elle, j'aimerais bien qu'elle allât se faire pardonner ailleurs! Céleste a oublié le pain. *(Il appelle.)* Céleste! Céleste! le pain! notre pain!

LE MARQUIS

C'est un fait que le pain du nouveau boulanger est extraordinaire.

LE CURÉ

Je ne sais pas si c'est parce que nous avons dû manger du pain dur – ou du moins rassis – pendant deux mois, mais notre pain frais est véritablement un régal! Vous ne trouvez pas?

LE MARQUIS

Hier j'en ai mangé si volontiers qu'il faudra peut-être que je m'en confesse...

LE CURÉ *(ravi)*

Voyez là, monsieur le Marquis, la simplicité et la grandeur de nos prières. Elles ne demandent pas au Ciel de l'or, ni des diamants, ni des grades. Elles demandent du pain : « Donnez-nous aujourd'hui notre pain quotidien. » Il y a cependant une autre nourriture qui est indispensable à l'homme, et que nos prières ne demandent pas : c'est l'eau. Je ne comprends pas pourquoi, dans le Pater, le chrétien ne demande pas à Notre-Seigneur l'eau quotidienne.

Il se verse un grand verre de bourgogne.

LE MARQUIS *(qui remplit son verre à son tour)*

C'est peut-être parce que Dieu nous l'a donnée en abondance et que nous n'en manquons jamais. A votre santé, monsieur le Curé.

Ils boivent. Céleste paraît sur la porte. Elle porte un pain carbonisé.

LE CURÉ

Eh bien, Céleste? Et le pain?

CÉLESTE *(navrée)*

Le voilà, monsieur le Curé. C'est tout ce que j'ai pu trouver. Toute la fournée a brûlé.

LE CURÉ

Comment cela?

CÉLESTE

Et le boulanger ne veut plus en faire! Il dit qu'il n'en fera jamais plus tant que sa femme ne reviendra pas.

LE MARQUIS

Eh bien, il ne manquait plus que ça!

LE CURÉ

Tant il est vrai que le péché amène toujours quelque malheur.

CÉLESTE

Et en plus, il s'est soûlé comme un cochon, sauf votre respect. Il rit, et il pleure, et il parle en même temps.

LE CURÉ

Ça doit être curieux à voir.

CÉLESTE

Et même, à propos de sa femme, il parle de M. le Curé.

LE CURÉ *(alarmé)*

Et que dit-il?

LE MARQUIS

Hé! Hé?

CÉLESTE

Il croit que ça vous fait plaisir qu'elle soit partie.

LE CURÉ

Oh!

CÉLESTE

Il était au sermon, ce matin. Il a peut-être mal compris.

LE CURÉ

Il a certainement mal interprété mes paroles. Il faut aller le calmer, monsieur le Marquis. Malheur à celui par qui le scandale arrive... Il faut le ramener chez lui...

CÉLESTE

Oui, et en même temps, dans sa boulangerie, regardez un peu, sur les étagères, près du four. Vous trouverez peut-être un pain, qui sait?

DEVANT LE CERCLE

On voit un groupe nombreux et on entend des éclats de rire. Il y a des femmes, des enfants, des hommes. Au centre, le boulanger, adossé à l'acacia, parle à l'instituteur qui essaie de le raisonner.

LE BOULANGER

Monsieur l'Instituteur, quelquefois on croit qu'une personne vous parle, et puis pas du tout; elle chante pour quelqu'un d'autre. Est-ce que vous me comprenez?

L'INSTITUTEUR

Parfaitement. Viens avec moi.

LE BOULANGER *(poli)*

Non, merci. Tenez : un jour, à la foire, j'ai vu un monsieur, je ne le connaissais pas; il me faisait bonjour avec la main, et en même temps, un gracieux sourire. Alors, je lui réponds, et il prend l'air très étonné. Et c'est LUI qui avait raison. Parce que son « Bonjour » n'était pas pour moi. Il était pour une belle dame, qui était derrière moi. Voilà le danger. Le danger d'ACCIDENT. Et c'est un genre d'accident qui arrive énormément. *(Il se tourne vers les enfants qui écoutent en riant.)* Mes enfants, prenez-en de la graine, et cultivez-la dans la pépinière. *(A l'instituteur.)* On devrait leur apprendre ça au catéchisme. *Amen.*

Il les bénit.

L'INSTITUTEUR *(persuasif)*

Allons, boulanger, tout ce que vous dites est charmant, mais vous ne savez pas ce que nous devrions faire? Nous devrions aller chez vous, et là, dans de bons fauteuils, nous pourrions boire encore un coup.

ANTONIN

Ah! oui. Ça c'est une idée!

CASIMIR *(enthousiaste)*

Une bonne idée!

L'INSTITUTEUR

Qu'en dites-vous?

LE BOULANGER

Il se relève et regarde au loin.

Je dis que voici M. le Marquis qui s'amène avec notre charmant petit prêchi-prêcha. *(Il s'avance vers eux.)* Bonjour, monsieur le Marquis! Monsieur le Curé, je suis charmé de vous voir, je suis même très honoré. M. le Curé n'est pas boulanger, et ça se voit! *(Au marquis.)* Mais il n'est pas cocu non plus, quoique, ces choses-là, on n'en sait jamais rien. Moi, c'est Maillefer qui me l'a dit.

LE CURÉ

Il lui met la main sur l'épaule.

Venez, mon ami.

LE MARQUIS

Il le prend de l'autre côté.

Venez avec nous...

LE BOULANGER *(avec fermeté)*

Je dis « Non ». Ce n'est pas pour vous vexer, monsieur le Marquis. Oh! pas du tout! Vous, homme plein de noblesse, homme plein de bonté, homme respecté par toutes les populations, je vous salue, je vous estime, et surtout je vous respecte TROP pour laisser dire du mal de TOI. C'est tout le contraire. *(Il se tourne vers le cercle d'enfants.)* Mes enfants, regardez-le bien : avec sa bonne gueule ronde, et qui semble un beau pain de six livres, voilà un homme qui fait plaisir à voir. Ah! des marquis comme le nôtre, ils n'en ont pas en Angleterre!

LE MARQUIS

Merci, boulanger. Tu es trop aimable!

ANTONIN *(qui le pousse doucement par-derrière)*

Maintenant, tu devrais venir te coucher.

LE CURÉ

Je crois qu'Antonin a raison.

Au contraire, monsieur le Curé. Je crois qu'il a parlé trop vite; parce que, pour une fois que je prends la cuite, il faut en faire profiter tout le monde! A propos, monsieur le Marquis, savez-vous chanter en italien?

LE MARQUIS

Non. Pourquoi?

LE BOULANGER

Parce que c'est une chose importante.

Il pivote brusquement, et part en courant vers le parapet sur lequel il grimpe, soutenu par quelques paysans. Il se tient au tronc de l'acacia.

Ecoutez ceci!

Il tousse pour s'éclaircir la voix. Puis il imite un accompagnement de guitare.

Bloum, bloumbloumbloum...

Il chante sur un air qui rappelle vaguement la sérénade du berger.

Lo boulangièro
Il dormait dé grandé fatigua
Mais le bergièro
Il chantait avec la guitara...
Ah! bella femma,
Que tou mé plais, que tou es ravissanta
Vieni garda
Lei moutoni avecco moi.

*Sur le dernier mot, il fait une vocalise langou-
reuse.*

Et voilà. *(Il descend péniblement le parapet et va au
marquis.)* Ça n'a l'air de rien. Mais le lendemain
matin, au galop, au galop... Vas-y Scipion! Au
galop! Et maintenant, une parenthèse : il faut que
j'explique une chose à Maillefer. *(Il prend Maillefer
par un bouton.)* Tu m'as dit que j'étais cocu : bon.
C'est un grade qui n'est pas pour toi. Tu pourrais
suivre toute ta vie le peloton des élèves cocus, tu n'y
arriveras jamais, parce que, pour y arriver, il faut
avoir une jolie femme. Tandis que la tienne, pauvre
Maillefer, elle a plus de poils au menton que de rose
au bout des tétons!

Il rit à s'étouffer.

MIETTE *(indignée)*
Mais faites-le taire, qu'il déparle...

CÉLESTE
Il y a des enfants qui écoutent!

MLLE ANGÈLE
Des enfants et des jeunes filles.

ANTONIN
Les jeunes filles peuvent s'en aller toutes seules.

LE BOULANGER *(tendrement, à Mlle Angèle)*
Allez-vous-en, jeune fille.

LE CURÉ
Faites partir les enfants tout de suite. *(Mlle Angèle, Céleste, Miette chassent les enfants, qui vont*

s'établir un peu plus loin.) Ecoutez-moi, boulanger...
Un peu de pudeur à cause des enfants...

LE BOULANGER *(à voix basse)*

Ah! ne me parlez pas des enfants! Si j'avais pu lui
en donner un, le malheur ne serait pas arrivé.

LE CURÉ

Venez, mon ami... Nous allons justement vous
parler de vos malheurs : mais pas en public, entre
nous.

LE BOULANGER *(subitement calmé, le suit docilement. Et tout en marchant, il parle)*

C'est ça, entre nous. Eh bien, entre nous, ça
devrait être défendu de parler italien, et surtout de
CHANTER en italien. Parce que je vais vous dire : les
hommes ne le comprennent JAMAIS, et les femmes le
comprennent TOUJOURS. Vous y êtes?

LE CURÉ

Il veut l'entraîner.

Pas tout à fait.

LE BOULANGER

Il chante.

VIENI GARDA LEI MOUTONI AVECCO MOI. BLOUM,
BOLOUM-BOUM, BLOUMB... Ce n'est pas plus difficile
que ça. *(Il reprend sa marche, soutenu par le curé et
le marquis. Antonin le pousse par-derrière.)* Et le
matin au petit jour, quand on lui porte le café au lit,

112

on ne trouve qu'un traversin, et ça fait un mystère de plus. *(Brusquement confidentiel.)* D'ailleurs le Pape, qui est italien, ne parle pas en italien. Il parle latin, je le sais. Et pourquoi? Parce que c'est un saint homme, il ne veut pas que les femmes le suivent. Il est trop honnête pour ça. *(Un silence. Il fait quelques pas. Il s'arrête, il se retourne vers Antonin.)* Qui aurait dit qu'elle comprendrait l'italien? C'est un monde! Un monde!

LE CURÉ

Venez, mon fils, venez. Venez...

Le boulanger le suit avec Antonin et Barnabé.

LE BOULANGER *(qui titube légèrement)*

D'ailleurs, il ne faut rien prendre au tragique. Mais figurez-vous qu'en ce moment, j'ai énormément de soucis. J'ai pour ainsi dire des inquiétudes maritales. Vous me comprenez?

LE CURÉ

Fort bien.

Il l'entraîne.

LE BOULANGER

Bon. Nous sommes d'accord. Ce matin, vous m'avez eu de deux messes et d'un sermon. Les deux messes, c'était réussi. Excellentes messes. Les deux se ressemblaient un peu : c'est naturel, oublions-le et disons que pour la messe, il est imbattable. Un champion!

LE CURÉ

J'espère que ces messes vous ont fait du bien.

LE BOULANGER *(enthousiaste)*

Un bien immense. Seulement *(d'un ton plein de reproche)* le sermon? Dites, le sermon sur la pécheresse? Franchement?

LE CURÉ

Le sermon vous a choqué?

LE BOULANGER *(les yeux au ciel)*

Navré. Désolé. Dévasté. Vous n'avez pas compris qu'avec les femmes, il faut s'attendre à tout. Mais avec les bergers? Si nous parlions un peu des bergers? Vous lui dites : « Tiens, je te donne une fougasse. » Et lui, il prend tout. Il vous prend tout, là, comme ça. Ah! les bergers, croyez-moi, c'est bien égoïste... Enfin... Je vous disais donc... Je vous disais donc... *(Brusquement, il fond en larmes, il tombe à genoux, et dit, d'une voix désespérée :)* Pourquoi elle est partie comme ça? Pourquoi? Vous le croyez, vous, qu'elle est chez sa mère?

LE MARQUIS

Et pourquoi pas?

LE BOULANGER

Elle irait chez sa mère à cheval, maintenant?

ANTONIN

Pleure pas, boulanger... Viens te reposer... Viens...

Ils arrivent sur le seuil de la boulangerie.

LE BOULANGER *(blême)*

Pas dans la chambre, au moins?

ANTONIN

Non, non... Dans le fournil... Dans ton pétrin du fournil...

LE BOULANGER

Comme ça, c'est possible. Oui... Tu iras un peu dans la chambre pour voir si des fois elle n'y est pas...

Ils entrent tous dans la boulangerie. Barnabé reste sur la porte, et empêche d'entrer tout un groupe qui a suivi.

BARNABÉ

Allez! Foutez le camp, vous autres! Ne restez pas là à le regarder comme une bête curieuse!

MAILLEFER

Alors, notre pain est encore foutu.

MIETTE

Je vous assure que ce berger si je le tenais...

FINE

Ah! oui, alors! D'affamer tout un village, dites!

MLLE ANGÈLE *(avec un immense mépris)*

Et pourquoi, je vous le demande!

CASIMIR

Moi, je trouve qu'il prend trop la chose au tragique. L'amour, évidemment, c'est intéressant. Mais ça ne doit pas empêcher le travail!

L'Angélus de midi sonne.

Allez, bonnes gens, il est midi, rentrez chez vous.

DANS LE FOURNIL

Le boulanger est couché dans son pétrin. Derrière lui, il y a Antonin; de part et d'autre, le prêtre et le marquis sont debout.

LE BOULANGER

Monsieur le Marquis, je vous le demande : comment voulez-vous que je fasse du pain? C'est mon levain qui est parti... Alors?

LE MARQUIS

Je te comprends, boulanger.

LE CURÉ

Mais, pour le moment, vous devriez dormir un peu.

LE BOULANGER *(lointain)*

Tu parles de dormir comme s'il n'y avait qu'à fermer les yeux... Il n'y a pas que ça... Et puis, si je ferme les yeux, je vois trop de choses.

LE CURÉ

Ecoutez-moi. Vous avez l'estime de tout le village.

LE BOULANGER

Oui.

LE CURÉ

Vous faites un pain délicieux.

LE BOULANGER

Oui, ça je m'en flatte.

LE CURÉ

Votre femme, par une erreur tout à fait incompréhensible, vous quitte.

LE BOULANGER

Oui. Incompréhensible. Me quitte.

LE CURÉ

Pourquoi blasphémer? Ne sentez-vous pas que la méditation et la prière sont les seuls remèdes à votre malheur?

LE BOULANGER

Mais la prière, c'est quand on a fait des péchés. Est-ce que j'ai fait du mal, moi? A qui? Quand? Alors, parce que le bon Dieu a permis que ma femme s'envole avec un gardien de moutons, il faut que ça soit moi qui demande pardon? Vous savez, le bon Dieu, je le respecte. Mais à partir d'aujourd'hui il m'en doit. Oui. Il m'en doit.

LE MARQUIS

Que cette femme soit partie, ce n'est un crime que pour elle, c'est certain.

ANTONIN

Ça, ça crève les yeux.

LE CURÉ

Et puisque vous avez la conscience pure, réfugiez-vous auprès du Seigneur : il vous donnera tout ce qu'il ne vous doit pas.

LE BOULANGER *(à Antonin)*

Oh! pardi, lui, il en parle à son aise! Vous ne risquez rien, vous... Votre bon Dieu ne s'en ira pas...

Il est cloué sur une croix... Mais moi, le mien, il est
parti...

LE CURÉ

Vous blasphémez encore, mon fils...

LE BOULANGER

Va, ne m'appelle pas ton fils, puisque j'ai l'âge
d'être ton père... Tu es jeune. Tu es prêtre... Tu
parles de choses que tu ne connais pas... Je te
souhaite de ne les connaître jamais. Sainte Cécile,
c'est la patronne de notre village. Elle est belle, elle
est pure, elle est douce... C'est une sainte... Si on te
disait qu'elle est partie avec un berger, qu'est-ce que
tu dirais?

LE CURÉ *(avec violence)*

Je dirais que c'est absurde et sacrilège!

LE BOULANGER *(doucement résigné)*

Eh bien? Et moi? Qu'est-ce que je dis? Je dis
qu'elle est chez sa mère. *(Il se tourne vers le marquis.)* Vous comprenez, il est très jeune, il n'a pas
touché la vie.

*Le boulanger pousse un grand soupir. Antonin lui
met un oreiller sous la tête.*

ANTONIN

Repose-toi, boulanger. Maintenant que tu as la
bonne cuite, endors-toi pour une heure ou deux. Tu
verras, en te réveillant, tu comprendras mieux.

Il le couche avec une grande amitié.

LE BOULANGER

Il flaire l'oreiller.

Cet oreiller, je sais où tu l'as pris. Quand elle avait seize ans, elle avait des seins comme des oranges. Et maintenant, ils sont vivants comme des pigeons... Et ses bras! L'odeur de ses bras...

LE CURÉ

Taisez-vous! C'est abominable!

LE BOULANGER

Oh! que non, que c'était pas abominable... L'odeur de sa tête sur l'oreiller... Une nuit, il y a longtemps, un rêve lui avait fait peur – et elle pleurait en dormant. Tout à coup, elle s'est jetée sur moi. Elle a mis sa figure sur mon épaule, et elle a dormi là, là, avec ses cheveux chauds dans mon cou... Et maintenant, je suis tout seul... Et même, je suis dans le pétrin... Vous voyez, monsieur le Marquis, comme on a raison quand on dit de quelqu'un : « Il est dans le pétrin. » Vous voyez : je suis dans le pétrin... Et un pétrin où on ne pétrit plus... Parce que je dis : « Elle est chez sa mère », mais je commence à me douter qu'elle n'y est pas.

LE CURÉ

N'avez-vous, vous-même, aucun tort? Avez-vous toujours été un bon mari?

LE BOULANGER

Oh! que non! Je suis vieux, je prends du ventre, c'est une injustice terrible pour elle. Parce qu'elle, c'est mon idéal, et moi, je ne suis pas le sien... Maillefer me dit que je suis cornard : c'est vrai et ce n'est pas vrai. Ecoutez, mon père, une femme aussi belle et aussi jeune qu'elle, ça doit avoir un mari superbe : jeune, musclé, jeune, bronzé, jeune, intelligent, jeune... Eh bien, son mari, c'est moi! Ça veut dire que j'ai eu de la chance, une chance de cocu. Lequel est-ce qui est trompé? Ce n'est pas moi : c'est le beau jeune qui la méritait. On dit qu'elle me trompe avec le berger. Pas du tout. C'est moi qui, depuis cinq ans, ai trompé le berger avec elle! Alors, de quoi je me plaindrais?

Il retombe sur son lit. Il appelle : « Tonin! »

ANTONIN

Oui.

LE BOULANGER *(doucement)*

Tu ne trouves pas qu'elle devrait revenir?

ANTONIN

Mais oui, je trouve, et je suis sûr qu'elle reviendra...

LE BOULANGER

D'abord, c'est pour sa santé. Cet homme-là ne va pas s'occuper d'elle! Il va la laisser prendre froid... Sur un cheval volé, à quatre heures du matin! Aurélie, Aurélie, où tu es? Couvre-toi au moins...

Il s'est couché, il ferme les yeux. Un silence. Le prêtre prie. Antonin se penche vers lui.

ANTONIN

Allez manger, monsieur le Curé, je le garde. Il en a au moins pour deux heures : c'est moi qui lui ai dosé les Pernods.

120

LE CURÉ

Il se lève.

C'est vrai que nous avons les vêpres.

LE MARQUIS *(à Tonin)*

Je vais organiser les recherches. Si tu as besoin de moi, fais-moi appeler au presbytère.

ANTONIN

Oui, monsieur le Marquis, merci.

Ils sortent. Tonin revient près du boulanger. Aimable semble dormir. Et tout à coup, il parle à voix basse : « Tonin ! »

ANTONIN

Oui.

LE BOULANGER

Fais bien attention que la porte reste ouverte.

ANTONIN

Bon.

LE BOULANGER *(à voix très basse, et les yeux clos)*

Je vais te dire pourquoi. Mon père avait une poule faisane, dans son poulailler. Elle ne servait à rien, mais il l'aimait. Va chercher pourquoi ! Dieu le sait, parce qu'il sait tout. Un soir, comme d'habitude, on a fermé le poulailler. On n'a pas vu qu'elle n'était pas rentrée. Alors, quand elle est revenue, elle a été forcée de rester dehors, et tu sais ce qui est arrivé ? Le renard l'a dévorée... Laisse la porte ouverte, Tonin...

Il s'endort.

LE LONG D'UNE RUE

Le jeune prêtre marche à côté du marquis et il parle d'une voix assez basse.

LE CURÉ *(pensif)*

J'avoue que je suis effrayé, effrayé – véritablement effrayé – par cette scène atroce.

LE MARQUIS

Oh! Pas atroce. Humaine, tout simplement.

LE CURÉ

Cet homme-là n'avait rien d'humain.

LE MARQUIS

Au contraire. Il était, dans sa folie, toute la faiblesse des hommes. Il souffrait.

LE CURÉ

Mais de quoi souffrait-il?

LE MARQUIS

De l'amour qu'il a pour sa femme.

LE CURÉ

Mais l'amour d'une femme peut-il causer de tels ravages chez un être raisonnable?

LE MARQUIS

Les êtres raisonnables, comme vous dites, n'ont pas seulement une âme immatérielle. Ils ont aussi un cœur en viande. Pour vous, évidemment, l'amour physique n'est qu'un péché, connu, classé, catalogué, et vous punissez selon le tarif ceux qui ont goûté aux joies de la chair. Eh bien, les joies de la chair, vous venez de les voir, et vous avez pu constater qu'elles portent en elles-mêmes leur punition. Le boulanger vous a fait peur.

LE CURÉ

Eh oui! Quand je l'ai vu torturé de la sorte, je me suis dit tout à coup : « Mais c'est une véritable maladie. Une maladie aussi soudaine que le choléra, ou la peste, ou la rage! Et une maladie, tout le monde peut l'attraper! »

LE MARQUIS

Cela dépend du terrain.

LE CURÉ

Je crains qu'il ne suffise d'être un homme. Oh! je ne veux pas dire que j'aie des visions dans le genre de celles qui martyrisèrent notre grand saint Antoine. Je ne suis sans doute pas assez vertueux pour tenter le diable. D'autre part, ma vocation est solide. Je sens que je n'ai pas besoin d'enfants, puisqu'on me donne tous ceux d'un village. D'autre part, la direction de quelques âmes troublées, les consolations aux malades et le dévouement aux pauvres sont de bien belles occupations qui me donnent de grandes joies, et qui suffisent à remplir une vie.

LE MARQUIS

Je sais, monsieur le Curé, que vous êtes un bon prêtre, et Monseigneur le sait aussi...

LE CURÉ

C'est précisément parce que je me sens installé, pour ainsi dire, dans mon bonheur de prêtre, que la scène de tout à l'heure m'a bouleversé. Comme le capitaine d'un navire qui verrait un autre navire éventré sur un rocher, et qui se dirait : « Ma carène n'est pas plus épaisse que la sienne, mon gouvernail n'est pas plus grand, mes cartes ne sont pas meilleures... Moi aussi, je pourrais me briser sur un roc... »

LE MARQUIS

Mon cher ami, pour faire naufrage, il faut naviguer. Ceux qui restent sur le quai ne risquent rien.

LE CURÉ

On peut, monsieur le Marquis, prendre la mer sans le vouloir. Notre mission nous force à fréquenter des femmes. Et je vous avoue simplement qu'il m'est arrivé d'être frappé par un visage et d'en recevoir une impression mystérieuse mais très vive. Je ne m'en apercevais pas sur le moment : mais brusquement un jour, je découvrais que je pensais souvent à la même personne, que ses intérêts me devenaient chers, que sa confession me troublait. Bien entendu, j'ai réagi et même avec une certaine violence puisque c'est pour un drame de ce genre que j'ai abandonné ma première paroisse, celle de Cadenet, qui, pourtant, me donnait bien des satisfactions, et que j'ai demandé à changer de diocèse. J'ai donc réagi. Mais serais-je toujours capable de réagir? Est-ce qu'une préférence inconsciente pour une femme ne peut pas brusquement grandir? Un petit mistral est né dans la nuit. Il ne fait pas beaucoup de bruit, les feuilles frissonnent à peine... On dirait qu'il ne sert à rien, qu'à faire briller les étoiles... Et puis tout à coup, quand l'aube se lève, il pousse un grand cri de sauvage, et commence à chasser des troupeaux de chênes... Si la bourrasque éclatait sur moi, aurais-je la force et le courage de courir jusqu'à mon abri?

LE MARQUIS

Oh! Certainement! D'ailleurs l'amour que nous avons vu tout à l'heure ne peut naître d'un regard, ni d'un rêve, ni d'une confession. Certes, cet émoi que vous avez ressenti, c'était, sans aucun doute, un premier frisson de la chair. Mais pour que la passion ait le temps de pousser ses racines, il faut avoir consenti à la suite... Car la passion vit de réalités plus précises, et quand le boulanger nous parlait de sa femme, ce n'est pas son âme qu'il nous décrivait.

LE CURÉ

C'est vrai... C'est vrai...

LE MARQUIS

En tout cas, j'espère que le martyre du boulanger vous inspirera plus d'indulgence pour les pauvres pécheurs que nous sommes : il vous aura peut-être fait comprendre que l'amour n'est pas seulement un plaisir, et qu'un débauché, qui a quatre nièces, est peut-être un homme qui a peur de n'en avoir qu'une.

LE CURÉ

C'est un point de vue.

LE MARQUIS *(gravement)*

Oui; et il y a un autre point de vue : il y a le point de vue de la truite qui nous attend sur votre table, sous de fraîches rondelles de citron. Vous avez béni tout à l'heure cette nourriture. Ce serait péché de l'abandonner.

Ils s'en vont vers le presbytère.

SUR LA PLACE DU VILLAGE

Barnabé, avec la casquette du crieur public, roule du tambour et lit un papier.

BARNABÉ

Avis à la population,

M. le Marquis Castan de Venelles a l'honneur d'informer la population qu'une grande assemblée générale sera tenue aujourd'hui dimanche à deux heures moins le quart, dans la grande salle du Cercle. On y discutera de la situation générale du village et de ses environs, en ce qui concerne le pain. On essaiera de trouver en commun une solution à la tragédie qui menace d'affamer toute une population laborieuse, et qui constitue un véritable attentat contre la morale et le ravitaillement.

Signé : Marquis Castan de Venelles.

Poscritome : M. Le Curé. M. l'Instituteur, M. le Marquis et M. le boulanger assisteront à ces débats.

Il roule du tambour encore une fois.

DANS LA GRANDE SALLE DU CERCLE

Sur l'estrade, et derrière le marquis, qui est debout et qui parle, il y a le curé, l'instituteur et le boulanger, qui sont assis en silence. La salle est pleine de paysans et de paysannes.

Et pour me résumer, mes chers amis, je dis que nous n'avons qu'une solution : nous avons le devoir d'oublier les haines familiales qui nous séparent les uns des autres, nous avons le devoir de nous unir. Il faut retrouver notre belle boulangère, non pas parce qu'elle est belle, mais parce qu'elle représente notre pain quotidien. *(Applaudissements.)* Elle n'est certainement pas loin. Les coupables sont partis ce matin de bonne heure. Le cheval qu'ils m'ont envoyé n'avait pas fourni une longue course : vous savez que je m'y connais. Si nous organisons immédiatement les recherches, nous l'aurons retrouvée avant ce soir. *(Cris de : « Bravo! D'accord! On y va tous! »)* Préparons donc tout de suite, et mettons en marche dès aujourd'hui, notre croisade pour la Belle Boulangère!

Bravos prolongés.

Et maintenant, notre ami le boulanger, si douloureusement éprouvé par cette fugue, mais qui sera consolé ce soir, va nous dire à son tour quelques mots.

Il fait signe au boulanger de s'avancer. Il le place à la tribune, puis il va s'asseoir.

LE BOULANGER

Il est très embarrassé.

Mes amis, je ne sais pas parler comme M. le Marquis. Et comme, en plus, je suis dans une situation ridicule, ça ne sera pas un joli discours. En plus, je suis gêné par cette lampe qui est au-dessus de ma tête, parce que j'ai peur, si je remue trop, de la casser d'un coup de corne.

Rires et bravos – une voix crie : « Va, boulanger, on t'aime bien! » – « Vas-y, boulanger! » – « On est tous pour toi! »

Excusez-moi d'avoir pas fait de pain aujourd'hui et de ne pas vous en faire demain. C'est parce que, à cause du *doute* où je suis, j'en suis incapable. Je ne sais plus ce que je fais. Alors, j'ai eu peur de vous fabriquer, sans m'en apercevoir, du pain avec de la sciure, ou de vous pétrir des brioches à l'eau de javel. Mais si vous me ramenez mon Aurélie, si vous dissipez ce doute, alors, vous aurez un vrai boulanger. Je vous ferai du pain comme vous en aurez jamais vu. Je pétrirai chaque fournée une demi-heure de plus, et dans les fagots pour chauffer le four, je mélangerai du romarin. Et pendant qu'il cuira, je ne dormirai pas comme on fait d'habitude, mais j'ouvrirai la porte toutes les cinq minutes, pour ne pas le perdre des yeux. Je vous ferai un pain si bon que ça ne sera plus un accompagnement pour autre chose; ça sera une nourriture pour les gourmands... Il ne faudra plus dire : « J'ai mangé une tartine de fromage sur du pain. » On dira : « J'ai dégusté une tartine de pain sous du fromage. » Et chaque jour, en plus de ma fournée, je pétrirai cinq kilos pour les pauvres... Et dans chaque miche que je vous ferai, il y aura une grande amitié et un grand merci.

Bravos, cris, enthousiasme général. Le boulanger va s'asseoir. Le curé se lève.

LE CURÉ

Mesdames et messieurs, après les discours que vous venez d'entendre, je ne puis rien ajouter, sinon que je souhaite un succès complet à l'expédition qui se prépare. Et maintenant, j'avertis les croyants qui se trouvent nombreux dans cette assemblée, il est trois heures moins cinq, les vêpres vont commencer.

Les cloches sonnent. Le curé descend de l'estrade. Un bataillon de vieillards et d'enfants se dirige vers l'église. Parmi eux, il y a Céleste, Fine et Miette.

FINE
Quand même, de faire tout ça pour cette espèce de créature!

CÉLESTE
Va, si c'était moi qui avais voulu partir avec ce berger, on ne ferait pas tant d'estrambord.

MLLE ANGÈLE
Ma pauvre Céleste, la beauté, ce n'est rien. Ça n'intéresse pas les hommes. Ce qu'il faut avoir, c'est du vice. Ah! si vous voulez avoir du vice...

CÉLESTE
Si tu veux te mettre de la peinture, de la poudre, te raser tous les matins, et remuer le derrière quand tu marches, alors ils vont s'occuper de toi.

MLLE ANGÈLE
Oh! Dieu garde! Ce n'est pas une chose que je cherche et Dieu me préserve de l'obtenir même sans le vouloir.

DEVANT LE CERCLE

Pendant que la foule s'écoule vers l'église, Miette se dispute avec son mari Antonin.

MIETTE *(en larmes)*

Non, non, je ne veux pas que tu y ailles!

ANTONIN *(gentiment)*

Mais, Miette, c'est pour le pain! De quoi tu as peur?

MIETTE

Oh! ce n'est pas qu'elle soit belle! Ça, non, on peut dire qu'elle n'est pas belle! Et quand j'aurai son âge, dans quinze ans, je serai aussi belle qu'elle. Mais des femmes comme ça, c'est des vampires... Elle va te sauter dessus...

Elle pleure.

ANTONIN

Mais non, Miette, mais non. Tu t'effraies pour rien, vaï... Tous les hommes vont y aller... De quoi j'aurais l'air si j'y vais pas?

MIETTE *(brusquement furieuse)*

Oh! va, va, les hommes, je les connais... En tout cas, si ce soir tu sens la parfumerie, je te préviens que je ferai comme elle. Mais moi, ça ne sera pas avec un berger!

ANTONIN

Oui. On sait que le brigadier de gendarmerie te fait de l'œil... Celui de Sainte-Tulle...

MIETTE *(de loin)*

Il est bel homme. Et au moins, lui, il a un costume.

ANTONIN

Tu veux une paire de gifles? Va-t'en aux vêpres,

va, fondue... Et tâche un peu de le regarder le brigadier, je te ferai une caresse que tu pourras plus t'asseoir de huit jours.

MIETTE *(de loin)*

Tonin, pense à tes enfants! Tonin, ne te laisse pas faire!

Tonin hausse les épaules.

MIETTE *(désespérée)*

En tout cas, au moins, reviens à la maison!

DANS LA SALLE DU CERCLE

Le marquis est tout à fait à son affaire, et il fait manœuvrer tous les hommes du village. De temps à autre, il frappe sa botte avec sa cravache.

LE MARQUIS

Silence au rapport! Qui m'a foutu des réservistes pareils? Rassemblement!

Tous les hommes se mettent sur deux rangs.

Demi-tour à droite, droite!

La manœuvre est exécutée comme à la caserne et les hommes se trouvent alignés deux par deux, face à la scène du Cercle.

LE MARQUIS *(à l'instituteur, qui est assis devant une petite table à côté du boulanger sur la scène)*

Lieutenant, vous avez la carte?

L'INSTITUTEUR

Oui, mon commandant.

LE MARQUIS

Le terrain à battre a été divisé en douze secteurs.
Chaque patrouille sera responsable de son secteur, et
devra rendre compte de sa mission avant sept heures.
Premier rang, un pas en avant! *(A l'instituteur.)*
Premier secteur?

L'INSTITUTEUR

Les Chaussières, par la ferme de Palanchon.
Douze kilomètres. Route carrossable.

LE MARQUIS *(aux hommes)*

Vous avez des bicyclettes?

PREMIER PAYSAN

Oui.

DEUXIÈME PAYSAN

Oui, monsieur le Marquis.

LE MARQUIS

Mon commandant.

DEUXIÈME PAYSAN

Ouí, mon commandant.

LE MARQUIS

Bien. Rompez.

PREMIER PAYSAN

On y va avec le costume des dimanches?

LE MARQUIS

Non. Tenue de campagne.

ANTONIN

On peut emporter le fusil?

LE MARQUIS

Cavalier Tonin, on ne pose pas de questions à un supérieur. Oui, on peut emporter le fusil.

LE BOULANGER

Tu n'as pas l'intention de tuer quelqu'un?

ANTONIN

Non. Mais si je rencontrais un lièvre, ou un passage de grives...

LE MARQUIS

Bien. Première patrouille, rompez. Premier rang, deux pas en avant!

Barnabé et Tonin font un pas en avant.

LE MARQUIS *(à l'instituteur)*

Secteur?

L'INSTITUTEUR

Saint-André, par le château de la Pissardière. Chemin de bûcherons.

LE MARQUIS

Vous connaissez?

TONIN et BARNABÉ *(ensemble)*

Oui, mon commandant.

LE MARQUIS

Patrouille à pied. Rompez.

ANTONIN

Mon commandant, ce n'est pas possible que nous partions ensemble.

LE MARQUIS

Quoi?

ANTONIN

Nous sommes fâchés, à cause de ses trois ormeaux.

BARNABÉ

Il a la prétention de me faire couper mes arbres! Alors, moi je dis...

LE MARQUIS

Toi, tu ne dis rien, parce qu'autrement je te fous quatre jours. Rompez. Premier rang, trois pas en avant!

Les deux suivants sont Casimir et Pétugue.

LE MARQUIS *(à l'instituteur)*

Secteur?

L'INSTITUTEUR

Le mas de Baume-Sourne.

LE MARQUIS

Vous avez compris?

PÉTUGUE

Oui. Mais je préfère mieux d'y aller tout seul.

CASIMIR

Moi aussi.

PÉTUGUE

Nos parents étaient déjà fâchés.

CASIMIR

Et nos grands-parents aussi.

LE BOULANGER

On se fout de vos parents! Vous voulez du pain, oui ou non?

LE MARQUIS

En service commandé, et dans l'intérêt de l'escadron, vous allez former à vous deux la troisième patrouille et vous allez explorer le secteur du mas de Baume-Sourne. Rompez.

PÉTUGUE

Bon. Nous ne sommes pas forcés de nous parler pour ça.

CASIMIR

Même pas de nous regarder.

LE MARQUIS

Silence! Rompez. Allez. Premier rang, quatre pas en avant!

DANS LA PLAINE DES MARAIS
DE BISTAGNE

Au milieu des joncs, il y a une île de verdure. Et là, dans une cabane, devant un feu de bois, le berger et la boulangère qui chantent accompagnés par une guitare.

DANS LA SALLE À MANGER

Le boulanger est assis près de la fenêtre. Il est silencieux et paraît accablé. Auprès de lui, l'instituteur, qui regarde par la fenêtre. Assis sur le coin de la table, il y a l'un des messagers, qui est déjà revenu, et le gros Félix. Après un silence, le boulanger parle à voix basse, résigné.

LE BOULANGER

Va, va, ils se sont bien cachés, ou alors ils sont allés très loin. On ne les retrouvera pas.

L'INSTITUTEUR

Voyons, mon cher ami... Ils sont partis près de trente et il n'en est rentré que six...

LE BOULANGER

Oui, mais ces six-là n'ont rien vu.

FÉLIX

Ecoute, nous ne pouvions pas te ramener six boulangères! Qu'est-ce que tu en aurais fait?

LE BOULANGER *(brusquement)*

En voilà d'autres...

En effet, on entend des pas dans la boulangerie. Entrent des messagers, le boucher et Arsène.

L'INSTITUTEUR

Alors?

136

ARSÈNE

Rien. On est allés jusqu'aux Olives. On a interrogé les passants... On a demandé aux femmes... Rien.

LE BOUCHER

Moi, un chien m'a mordu à la main. Et puis, à la Croix des Moines, on a rencontré les frères Peyrol qui revenaient de Maussanne et du Château-Virant. Eux non plus, ils n'avaient rien trouvé...

LE BOULANGER *(anxieux)*

Ils continuent à la chercher?

LE BOUCHER *(joyeux)*

Ils nous ont dit que de penser à ta femme, ça leur avait monté l'imagination toute la journée, et qu'ils ne pouvaient pas rentrer comme ça. Alors, ils sont allés faire un tour à Manosque, et ils t'envoient bien le bonjour.

LE BOULANGER

Merci tout de même. Merci bien.

À L'ENTRÉE DU VILLAGE

Quatre pochards s'avancent. Ils se tiennent affectueusement par le cou.

ANTONIN

Il s'arrête, tout ému.

Barnabé, cet endroit, ça ne te rappelle rien?

BARNABÉ *(affectueux)*

Antonin, pardonne-moi.

ANTONIN

Que je te pardonne quoi? Je voulais te faire couper tes ormeaux... des arbres qui sont à toi, des arbres que tu aimes...

BARNABÉ *(il le serre dans ses bras)*

Peut-être, mais ces arbres, ils t'ont assassiné tes épinards géants. Et ça, je ne m'en consolerai jamais. Les ormeaux, je ne les taille pas, je les *arrache*.

ANTONIN *(au comble de l'affection)*

Non, non! Mes épinards, c'est peut-être que la graine était mauvaise. Tes ormeaux, n'y touche pas. Ils sont trop beaux. Je changerai le jardin de place. Barnabé, tu es trop brave. Changeons de chapeau.

Ils changent de chapeau.

CASIMIR

Que c'est beau! Mais pas d'émotion. Silence au rapport. Portez, armes.

Ils font le mouvement.

A droite, droite!

Ils font un à-gauche bien réglé.

Et maintenant, la chanson. En avant, marche.

Ils partent tous les quatre, Casimir en tête, en chantant.

DANS LA SALLE À MANGER

Le boulanger attend toujours en silence. La porte s'ouvre brusquement. Céleste paraît.

CÉLESTE

En voilà quatre qui reviennent. Et ils sont contents comme tout! Ils chantent!

LE BOULANGER *(plein d'espoir)*

Ils chantent?

Il se lève, il sort en courant, suivi de tous les assistants. Les quatre pochards s'avancent, et ils arrivent devant la boulangerie. Là, ils se mettent en rang.

CASIMIR

Un, deux, trois : « Boulanger! »

Ils ont crié tous les quatre à la fois. Le boulanger paraît sur la porte, tremblant d'émotion.

LE BOULANGER

Vous l'avez trouvée?

CASIMIR

Non, boulanger, non. Mais nous avons trouvé mieux que ça : en cherchant ta femme envolée, nous avons trouvé l'amitié.

PÉTUGUE

Nous étions partis en nous faisant les brigues! nous revenons en nous embrassant...

Ils s'embrassent en effet.

ANTONIN

Mais il faut lui raconter tout comme il faut, parce qu'il y a quelque chose qui l'intéressera. Figure-toi que nous nous sommes rencontrés tous les quatre au château de la Pissardière. Là, il y avait le monsieur, et nous lui avons raconté ton malheur. Il a rigolé comme un bossu.

L'INSTITUTEUR

Et il vous a fait boire.

ANTONIN

Il nous a fait boire. Dis-leur la suite, Barnabé, que j'aie pas l'air de parler tout le temps pour me faire valoir. Un peu à toi, Barnabé.

Il l'embrasse.

BARNABÉ

Merci, Tonin. Alors, figure-toi que le monsieur, qui est un artiste, a fait une chanson – enfin, des paroles pour te remercier de nous avoir rendu l'amitié. *(Le boulanger, déçu par ce verbiage, veut rentrer, Barnabé le retient.)* Et puis, attends, ne t'en va pas... Il nous a donné un paquet pour toi. Le cadeau que ta femme t'a fait.

LE BOULANGER

Ça vient de ma femme?

BARNABÉ

Oui.

LE BOULANGER *(tremblant)*

C'est pour moi?

140

Oh! C'est pas pour M. le Curé. Voilà.

Il lui tend un énorme paquet. Le boulanger déchire le papier, tout tremblant.

LE BOULANGER *(très ému)*

Alors, il l'a vue, alors? Alors, elle a pensé à moi?

Du papier déchiré, il tire une énorme paire de cornes de cerf. Un grand rire dans la foule. Le boulanger, tout pâle, sourit faiblement.

CASIMIR

Et maintenant, on va lui chanter la chanson du monsieur. Une, deux, trois.

Casimir attaque seul.

Depuis qu'il en porte.
Le diable m'emporte
Il ne peut plus passer sous les portes!

Chœur général.

Chantons « Merci berger »
Vivent les cornes, vivent les cornes!
Chantons « Merci berger »
Vivent les cornes du boulanger!

Le pauvre Aimable sourit tristement, et il rentre dans sa boutique, le regard vague, avec ses cornes à la main. Au-dehors, les quatre pochards chantent avec enthousiasme le second couplet.

DANS LA BOUTIQUE

Pendant que le chant continue dehors, l'instituteur console le boulanger.

LE BOUCHER
Il ne faut pas faire attention... Ils sont soûls comme des ânes...

L'INSTITUTEUR
Et ils ne comprennent pas très bien la peine que vous avez...

LE BOULANGER

Il s'appuie au comptoir.

Oui, mais moi, je la comprends...

ARSÈNE
Ils font ça... en bons garçons, quoi...

LE BOULANGER
Merci, Arsène... Attendez-moi. De les voir soûls, ça me fait penser que je vous ai pas offert à boire. Je descends à la cave chercher quelques bouteilles... Miette, prenez des verres dans le buffet...

ARSÈNE
Là, tu as une bonne idée... Prends du rouge et du blanc, qu'on puisse choisir.

LE BOULANGER
J'ai du rosé, aussi...

Il disparaît dans l'escalier. Toute la compagnie entre dans la salle à manger.

DANS UNE PETITE CAVE VOUTÉE

Il y a de vieilles pelles de four, des fagots de bois de pin, des chaises cassées et quelques petits tonneaux de vin.

Le boulanger entre. Il chancelle. Puis, au mur, il prend une corde. Enfin, il monte sur un tonneau, il essaie de passer la corde autour d'une poutre.

DANS LA SALLE À MANGER

Toute la compagnie est assise autour de la table. Céleste et Miette préparent des verres qu'elles disposent devant chacun.

L'INSTITUTEUR *(entre, fâché)*

Il y a tout de même un minimum de délicatesse.

CASIMIR *(gêné)*

Nous, on essayait de tourner la chose en plaisanterie.

ANTONIN *(ivre et joyeux)*

Et puis quoi, sa femme est partie! Après tout, il ne l'avait pas achetée, et ça ne diminue pas son bien! De la façon qu'il prend la chose, on dirait qu'il a perdu un hectare!

PÉTUGUE

Encore, si elle était malade, ou morte, je comprendrais qu'il se fasse du mauvais sang... Tandis que là,

143

au moins, il sait qu'elle est heureuse... En tout cas, qu'elle ne s'ennuie pas!

L'INSTITUTEUR

Vous n'êtes que de sympathiques brutes. *(Un temps.)* Il reste bien longtemps à la cave... Vous devriez allez voir ce qu'il fait...

Tonin se lève et descend suivi de Casimir.

MIETTE

Jésus, Marie, Joseph! S'il allait se détruire!

DANS LA CAVE

Le boulanger a réussi à attacher la corde à la poutre. Il est debout sur le tonneau, il passe sa tête dans le nœud coulant. Antonin se précipite.

ANTONIN

Boulanger, ne te pends pas là, que Lange s'y est déjà pendu! Ça te porterait malheur!

LE BOULANGER *(il rue)*

Laissez-moi tranquille, vous autres...

CASIMIR *(qui lui saisit une jambe)*

Ecoute, boulanger, laisse-nous te parler d'abord, tu te pendras après, si tu veux... Ecoute, tout ce qui t'arrive, tu le prends pas du bon côté...

LE BOULANGER *(il hurle)*

Lâche-moi les jambes...

PÉTUGUE *(suppliant)*

Prends-le du bon côté, boulanger... Tu le prends pas du bon côté.

LE BOULANGER

Antonin, lâche-moi les jambes, ou je t'arrache les cheveux...

ANTONIN

Vas-y, ça m'économisera le coiffeur...

CASIMIR

Si tu faisais un tout petit effort pour le prendre du bon côté... Si tu voyais tout le comique de la chose...

PÉTUGUE

Si tu pensais un peu à notre pain, au lieu de t'amuser à te pendre tout seul...

Dans l'escalier, on entend soudain la voix du marquis qui crie : « On l'a retrouvée! Boulanger, on l'a retrouvée, ta femme! » Le boulanger tressaille, pousse un cri, ferme les yeux et tombe.

ANTONIN

Tenez-le bien, qu'il va s'étrangler...

Pétugue et Casimir essaient fébrilement de défaire la corde. Ils n'y réussissent pas. Le boulanger dans les bras de Tonin s'agite violemment. Il ouvre les yeux, et, d'une voix de stentor, il crie :

LE BOULANGER

Mais dépendez-moi, nom de Dieu! puisque ma femme est retrouvée!

DANS LA SALLE À MANGER

Tout le monde est debout. Le marquis a l'air tout joyeux.

LE MARQUIS

Vous autres, asseyez-vous et taisez-vous. Arsène, va faire partir les gosses qui sont devant la boulangerie. *(Arsène se lève et sort.)* Au fond, ça devait finir comme ça. Le voici.

Le boulanger entre.

LE BOULANGER

Où est-elle?

LE MARQUIS

Elle n'est pas ici, mais on sait où elle est. Elle n'est pas loin.

LE BOULANGER

Vous l'avez vue?

LE MARQUIS

Non. Pas moi. Ecoute : c'est Maillefer Patience, le pêcheur. Je revenais de Meyrargues avec Félix, nous n'avions rien trouvé, et nous étions tous tristes pour toi. Et à l'entrée du village, nous avons rencontré Patience qui rentrait. Et il m'a dit : « J'ai vu la femme du boulanger. – Quand? – Il y a une heure. – Où est-elle? » Alors il nous a dit : « Ça, je vais le lui dire, à lui. » Je ne lui ai pas demandé davantage, parce que je le connais.

LE PAPET

Oh! ça, c'est une vraie tête de bourrique!

146

L'INSTITUTEUR
Si on le questionne, il ne répond plus.

LE BOULANGER
Mais vous êtes sûr qu'il l'a vue?

L'INSTITUTEUR
S'il l'a dit, c'est qu'il l'a vue.

LE MARQUIS
Et il va te renseigner. Mais surtout, je te recommande bien de ne pas lui poser de questions, et de ne pas l'interrompre, sinon il s'arrête, il se lève et il s'en va.

L'INSTITUTEUR
Et vous, mesdames, tâchez d'écouter ce vieux maboul, en silence.

MIETTE
On dira rien. Qui sait où elle est?

On entend un pas dans la boulangerie.

LE MARQUIS
Le voilà.

La porte s'ouvre, le curé paraît.

LE CURÉ
Bonsoir...

LE MARQUIS
Bonsoir, Monsieur le Curé.

LE CURÉ
Je venais aux nouvelles... En avons-nous?

LE MARQUIS

Oui. Nous ne savons pas encore lesquelles – mais nous savons que nous en avons. – Maillefer l'a vue. *(On entend un pas dans le corridor.)* Le voilà.

En effet, le vieux Maillefer vient d'entrer. Il a, pendu à l'épaule, son panier à poissons.

MAILLEFER

Bonsoir, la compagnie!

LE BOULANGER

Bonsoir, Patience.

MAILLEFER

Il regarde la compagnie et les verres.

C'est ta fête, boulanger?

LE BOULANGER

Peut-être, Maillefer. C'est peut-être ma fête. Ça dépend de ce que tu vas me dire.

MAILLEFER

Alors, je crois que c'est ta fête.

LE BOULANGER

Tu as vu ma femme?

MAILLEFER

Ah! Ecoutez-moi, si on me coupe quand je parle, je ne peux plus rien dire. *(Au boulanger.)* Je ne sais pas si tu le sais, mais au concours de boules de Peyruis, en 1926 ou 27, non 26. Oui, c'est l'année que ceux de Pomiès ont gagné le concours. Au concours de boules de Peyruis, j'ai reçu une boule sur la tête. Tiens, touche la bosse; elle y est encore, et je l'aurai jusqu'à la mort. Touche la bosse, je te dis. *(Le boulanger touche la bosse de Maillefer.)* Eh bien, depuis cette bosse, si on me coupe, je trouve plus le fil...

LE MARQUIS

Va, parle, Maillefer. Parle. Personne ne te coupera.

MAILLEFER

Bon. Alors, ce matin, vers les trois heures, j'étais dans mon lit, et je pensais à ma pêche de la journée. Je me disais : « Le temps est au calme. Tu vas aller au brochet, du côté du gour Roubaud. Justement, tu as du vif dans le vivier, et du beau vif. Tu iras au brochet. » C'était mon idée d'aller au brochet. C'était pas une bonne idée avec le temps qu'il faisait?

LE MARQUIS

C'était une excellente idée.

MAILLEFER

Mais tout d'un coup – j'étais dans mon lit, comme je vous l'ai dit – tout d'un coup, j'entends bouger les feuilles des arbres : « Frr... Frr... » Je me dis : « Ça y est. Voilà le mistral qui se lève. » Et à ce moment, un volet claque contre un mur. C'était le volet de la cuisine du Papet. *(A Pèbre.)* Tu l'as pas entendu?

PÈBRE

Non. J'ai rien entendu.

MAILLEFER *(avec force)*

Tu n'as pas entendu claquer le volet de ta cuisine?

PÈBRE

Non. Tu sais, moi, j'entends pas tout.

MAILLEFER

Oui, c'est vrai qu'il est sourd. Il est vieux, il est gâteux. Bon. Alors je me lève, et je sors. C'était du vent, mais il était pas franc. Une espèce de mistral bâtard qui jouait presque aux quatre coins. Alors je me suis dit : « Adieu le brochet! Avec la canne de cinq mètres et un vent pareil, qui va peut-être forcir, tu vas te casser le poignet, et tu ne prendras rien. » Alors j'ai bien réfléchi, et je me suis mis dans l'idée d'aller pêcher aux marais de Bistagne. Alors, je prends deux petites cannes, une boîte de vers de fumier, des rouges, et je descends vers les marais. Et comme j'arrive derrière une haie, qu'est-ce que je vois? *(Il change de ton.)* Il me semble que j'entends chanter.

On entend, en effet, des voix qui viennent de la cave, et qui chantent la cantate des cornes du boulanger.

DANS LA CAVE

Casimir, Pétugue et Antonin, qui ont des bouteilles à la main, chantent à pleine voix. Dans l'escalier, Arsène paraît.

ARSÈNE

Taisez-vous, les gars! Il y a Maillefer qui raconte où elle est.

Ah! Nous, on ne savait pas. On ne nous a pas prévenus.

PÉTUGUE

Et où elle est?

ARSÈNE

Il ne l'a pas encore dit, mais ça s'approche.

Il a pris une bouteille et il boit à son tour. Tous sortent, avec des bouteilles à la main.

DANS LA SALLE À MANGER.

La porte s'ouvre et Antonin entre suivi de Casimir et de Pétugue. Il y a un grand silence.

ANTONIN

Excuse-nous, boulanger.

CASIMIR

On ne savait pas que Maillefer avait commencé à parler.

ANTONIN *(qui croit parler à voix basse)*

On a monté des bouteilles pour masquer le coup. Tu comprends ce que je veux dire...

CASIMIR *(il cligne de l'œil à plusieurs reprises)*

Le coup de la corde et du tonneau. Il vaut mieux qu'on ne le sache pas.

LE MARQUIS

Taisez-vous, espèces d'ivrognes! Alignez-vous

contre le mur! *(Ils s'alignent en silence.)* Alors Maillefer, tu t'approches d'une haie, et qu'est-ce que tu vois?

MAILLEFER *(perdu)*

Oui, qu'est-ce que je vois? Je m'en rappelle plus. *(Brusquement illuminé.)* Ah! Je vois : ça. *(Il ouvre son panier avec lenteur et en tire un poisson superbe, qu'il jette sur la table.)* Une caprille. Elle était vivante bien entendu, et elle nageait doucettement avec ses belles nageoires grandes ouvertes. Je me cache bien. J'amorce avec deux vers en croix et par-dessus la haie, je lance ma ligne... L'appât lui tombe juste devant le nez. Hop! elle saute, toc, je la ferre. Et alors, ça a commencé. *(Le boulanger, tout pâle, ferme les yeux.)* La première secousse, je m'y attendais; je lui laisse du fil... Mais la seconde, elle a été tellement imprévue qu'elle m'a surpris. Je croyais qu'elle allait tirer à gauche – toc – elle tire à droite... Mon scion était tordu pire qu'une baleine de parapluie! Ah! Ce n'est pas tout le monde qui peut pêcher une caprille! Tout est là. Tenez. *(Il montre son poignet. Il fait tourner son poing dans tous les sens.)* Ça. Puis ça. Et alors, à la troisième secousse...

ANTONIN *(calme et grave)*

A la troisième secousse, tu commences à nous emmerder.

MAILLEFER *(abasourdi)*

Quoi?

BARNABÉ *(furieux)*

Oui. C'est un peu long. Tu vois pas, là, le pauvre diable qui s'estrancine et que tu le fais attendre exprès?

Un grand silence.

MAILLEFER *(glacé)*
Bon. On m'a coupé. Je m'en vais.

Il se lève.

LE MARQUIS
Ecoute, Maillefer.

Maillefer ne répond pas, et se dirige vers la porte. Mais le boulanger a bondi. Il est blême. Il a pris Maillefer aux épaules et il serre avec une poigne de fer – d'une voix sans timbre, il dit :

LE BOULANGER
Où est-elle, ma femme? Tu le dis, où elle est? Parle, parce que si je te commence, je te finis...

MAILLEFER *(étranglé)*
Au secours...

LE CURÉ *(qui essaie de s'interposer)*
Boulanger!

TONIN *(enthousiaste)*
Laissez-le faire...

CASIMIR
Il a raison!...

TONIN
Vas-y boulanger! Rentres-y sa bosse dans la tron-che!

LE BOULANGER

Je compte jusqu'à trois. Un...

MAILLEFER

Au secours!

LE BOULANGER

Deux...

MAILLEFER *(vite)*

Ils sont dans une île... Dans les marais... En face la ferme du Jean Blanc.

LE BOULANGER *(il le lâche)*

Tu les as vus?

MAILLEFER *(qui défaille épouvanté)*

Laisse-moi respirer. *(Il fait deux pas en arrière. Il tombe assis sur une chaise. Il souffle bruyamment.)* Faites-moi boire un coup, bande d'assassins...

Le marquis lui verse à boire. Maillefer boit à longs traits.

ARSÈNE *(qui paraît sur la porte)*

C'est une charmante soirée de famille... Mais pourquoi il n'y a que lui qui boit?

LE MARQUIS

Tais-toi!

MAILLEFER *(qui ronchonne tout seul)*

Celle-là est forte. Manquer d'être assassiné... Parce qu'on apporte une nouvelle. M'enfoncer la bosse...

Par exemple! Il y en a qui ont du toupet. Ça n'arriverait pas dans une gendarmerie... Fai de ben à Bertrand, ti lou rendra en caguant...

LE BOULANGER *(froid, mais dangereux)*

Alors? La suite? Comment est-Elle? Qu'est-ce qu'Elle t'a dit?

MAILLEFER

Me bouscule pas, bon. Alors, pendant que je pêchais un autre poisson – et je te passe l'anguille, la tanche et la carpe – tout d'un coup derrière les osiers, j'entends une voix de femme. Une voix de femme qui chantait.

LE CURÉ

Ah! nous y voilà.

MAILLEFER

Je m'approche de garapachon, en me cachant et sans faire de bruit. Je regarde entre deux feuilles et qu'est-ce que je vois?

PÉTUGUE

Une anguille.

LE MARQUIS

Tais-toi, imbécile. *(A Maillefer.)* Et qu'est-ce que tu vois?

MAILLEFER

Une anguille qui chantait. Je veux dire : ta femme qui chantait. Le berger était couché dans l'herbe, et il jouait de la guitare. Tranquille et joyeux comme un chômeur de profession. Et ta femme, elle chante bien. Pour ça, elle chante bien.

LE BOULANGER

Enfin, si elle chantait, c'est qu'elle était contente.

MAILLEFER

Elle en avait l'air. Et surtout qu'elle était toute nue.

LA COMPAGNIE

Oh!

LE BOULANGER

Toute nue?

MAILLEFER *(satisfait)*

Oh! pour ça, oui!

MLLE ANGÈLE

Naturellement!

MAILLEFER

Ah! Elle est belle!

LE BOULANGER *(perplexe)*

Mais qu'est-ce que ça veut dire?

LE CURÉ *(sincère)*

Peut-être est-elle tombée dans l'eau, et alors, pour faire sécher son linge au soleil...

CASIMIR

Oh! c'est sûrement ça.

LE MARQUIS

Ou alors, elle prenait un bain de soleil? Après tout, pourquoi pas?

LE BOULANGER

Oh! moi, plus rien ne m'étonne. Et ensuite?

MAILLEFER

J'ai regardé un petit moment, et puis je suis parti sans faire de bruit. Il y a une cabane dans cette île... Je crois qu'ils habitent là-dedans...

LE BOULANGER

C'est loin d'ici?

MAILLEFER

Une bonne demi-heure à pied.

ANTONIN

On y va tous!

PÉTUGUE

On prend les fusils et on y va tous!

LE BOULANGER

Pour quoi faire les fusils?

CASIMIR

Et si le berger ne veut pas la rendre?

BARNABÉ

S'il veut pas la rendre on la lui prendra! Allez, zou, boulanger! On y va!

LE MARQUIS *(avec une grande autorité)*

Un peu de silence et tâchons de ne pas dire de

bêtises. Allez-vous-en tous au Cercle, j'offre une tournée générale. *(Au boulanger.)* Nous, nous allons dresser notre plan. Allons, sortez!

Tous s'en vont vers la sortie.

DANS LA HUTTE DES MARAIS

Le berger et la boulangère dorment enlacés. Nous les regardons un moment. Il fait chaud, malgré le petit vent qui porte les abeilles devant la porte.

DANS LA SALLE À MANGER
DU BOULANGER

Il n'y a plus que Maillefer, le marquis, le prêtre, le boulanger, l'instituteur.

LE MARQUIS *(au boulanger)*
Alors toi, tu n'y vas pas?

LE BOULANGER
Non, monsieur le Marquis, non. Moi, je ne veux pas l'avoir vue hors de chez moi. La dernière fois que je l'ai vue, c'était ici, dans cette maison. La prochaine fois que je la verrai, ça sera ici. Ce qui a bien pu se passer entre ces deux moments, au fond, je n'en sais rien.

LE MARQUIS
Alors, qui va nous la ramener?

LE BOULANGER
Moi, je dis, monsieur le Marquis, qu'il faut

envoyer le moins de monde possible, une ou deux personnes, pas plus. Et la personne qui doit y aller, c'est M. le Curé. D'abord, M. le Curé a une bonne voix, il sait parler, lui. Il a l'habitude.

LE MARQUIS

Ça, c'est vrai!

LE BOULANGER

Et puis, la spécialité des curés, c'est justement de chasser les démons.

L'INSTITUTEUR

Et alors? Il y a donc un démon dans cette affaire?

LE CURÉ

Soyez-en persuadé, monsieur, le Démon a sa part dans tous les péchés.

L'INSTITUTEUR *(logique)*

Il en serait donc seul responsable.

LE CURÉ *(qui s'échauffe)*

Ah! voilà monsieur l'esprit fort! Monsieur supprime la responsabilité du pécheur et la reporte tout entière sur le Malin. Non, monsieur, non. Nous avons tous notre libre arbitre, qui nous permet de repousser les tentations. Ainsi, en ce moment même, dans cette cabane du marais, la présence du Malin est indiscutable. Mais la femme de notre ami a aussi, à côté d'elle, son libre arbitre, et elle pourra s'en servir quand elle voudra.

LE BOULANGER *(brusquement furieux)*

Ah! ça, non! Ça, qu'elle ne s'en serve plus, hein,

surtout! Qu'elle revienne tout de suite, sans rien dire. C'est tout ce que je lui demande. Et son libre arbitre, qu'il aille garder les moutons où il voudra, parce que moi, je lui casse la gueule. J'en fais des fougasses, de son libre arbitre.

Il est tout rouge, et il serre ses gros poings.

LE MARQUIS

Vous n'avez pas très bien compris, mon bon ami.

LE BOULANGER *(avec force)*

Mais si, mais si! Moi j'ai très bien compris que ce berger est un sorcier, comme tous les bergers, d'ailleurs. Alors ma femme quand il l'a vue, il lui a fait un charme, il lui a jeté un sort, quoi, il l'a enchantée.

LE MARQUIS

Il regarde l'instituteur.

Il est possible, en effet, qu'elle soit enchantée.

L'INSTITUTEUR *(au marquis)*

C'est même certain. Sans ça, elle ne serait pas partie.

LE BOULANGER

Parfaitement! Elle ne doit pas du tout se rendre compte de ce qui se passe. Toute nue! Ce n'est pas une femme à faire ça. Mais dites, je ne l'ai jamais vue, moi, toute nue! Non, non, il lui a mis un démon dans le corps.

L'INSTITUTEUR

Le diable au corps.

LE BOULANGER

Exactement. Et ce diable, quand il va voir M. le Curé, il sera bien forcé de s'envoler en criant, et ma pauvre femme sera sauvée...

LE MARQUIS

Il est certain que mon berger est très pieux, il est farci de médailles bénites. Enfin, je veux dire qu'il en a beaucoup.

LE CURÉ

C'est bon signe.

LE BOULANGER

Et moi, ma femme, elle a un scapulaire. Je l'ai vu. Ça aussi, ça veut dire quelque chose.

MAILLEFER

Seulement, il faudra traverser le marais, puisqu'ils sont dans l'île : nous n'avons pas de bateau, et on ne pourra pas passer si on n'a pas de bottes en caoutchouc.

L'INSTITUTEUR

Je peux prêter les miennes à M. le Curé. J'ai de grandes bottes cuissardes.

LE BOULANGER

Et Maillefer conduira M. le Curé! Pas vrai, Maillefer?

MAILLEFER

Je veux bien. Seulement, il faut que je vous prévienne. De marcher dans le marais, c'est dangereux. Il faut connaître les sentiers qui sont sous l'eau. Celui qui ne les connaît pas, si le pied lui glisse, adieu! Pour M. le Curé, ça serait un voyage direct au Paradis...

LE CURÉ

Si j'en étais sûr, je ne m'en plaindrais pas. Mais je ne suis pas certain du terminus...

L'INSTITUTEUR

Je les connais, moi, ces marais. J'y ai chassé bien souvent.

LE CURÉ

En quoi cela nous avance-t-il?

Un silence. Tout le monde réfléchit.

LE MARQUIS

Il y a une solution toute simple. Un peu bizarre, mais excellente.

LE BOULANGER

Et quoi?

LE MARQUIS

M. l'Instituteur mettra ses bottes en caoutchouc, et il portera M. le Curé sur le dos.

MAILLEFER

C'est le mieux.

LE CURÉ *(outré)*

Allons donc, ce serait ridicule!

MAILLEFER

Qu'est-ce que ça fait? Il n'y aura personne pour vous voir.

LE BOULANGER *(suppliant)*

Il n'y a que ça à faire, monsieur le Curé. Faites-le. Il faut que vous montiez sur le dos de M. l'Instituteur.

L'INSTITUTEUR *(philosophe)*

Moi, je veux bien.

LE CURÉ

Vous m'avez déjà dit en effet que vous vous considériez comme un animal!

LE MARQUIS *(conciliant)*

Allons, si M. l'Instituteur consent à servir de monture à un prêtre, ce sera un hommage – involontaire peut-être – mais un hommage à la supériorité du clergé.

L'INSTITUTEUR

Ce sera plutôt un petit sacrifice à la douleur du boulanger.

LE MARQUIS

Disons que ce sera les deux à la fois, et n'en parlons plus!

LE BOULANGER

Merci, monsieur l'Instituteur.

L'INSTITUTEUR *(au curé)*

Et ce sacrifice sera fait de bon cœur, pour soulager

la peine d'un de mes semblables, sans aucune idée de récompense et sans aucun espoir de Paradis.

LE CURÉ

Qu'en savez-vous?

L'INSTITUTEUR

Je sais bien que je n'irai pas au Paradis.

LE CURÉ

Est-ce que vous croyez que votre bêtise vous met à l'abri de la bonté de Dieu?

L'INSTITUTEUR

Je croyais que les hérétiques et les incroyants tombaient en Enfer?

LE CURÉ

Mais l'Enfer, mon pauvre ami, vous y êtes, vous y êtes en ce moment. Vous menez une vie étroite et dure, sans lumière de la foi, sous un ciel creux, où l'on ne voit que des avions et des nuages. Une vie que vous croyez limitée par une mort aveugle et sourde, une mort noire, une mort totale, une mort qui ne va pas plus loin que la puanteur et la pourriture, c'est ça l'Enfer... pauvre égaré!

L'INSTITUTEUR *(satisfait)*

Je ne trouve pas ça si mauvais!

LE CURÉ

Et comment pouvez-vous juger de votre malheur, puisque vous n'avez jamais connu le bonheur?

S'il ne va jamais à l'église, c'est sûr qu'il ira pas au Paradis.

LE CURÉ

Qu'en savons-nous? Au jour de la mort de l'incroyant, il arrive peut-être sur les portes du ciel, bouleversé par la révélation de l'autre vie. Et devant Dieu dans toute sa gloire, il va se jeter à genoux, écrasé par l'horrible attente du châtiment. Et il gémira : « Seigneur, qu'allez-vous me faire? » Et le Seigneur dira : « Rien, mon enfant. Approche-toi. J'essaierai de te consoler d'avoir vécu si longtemps sur la Terre dans l'absence de ton Créateur. » Le châtiment de l'incroyant, ce sera peut-être le pardon de Dieu, le pardon total, humiliant, éblouissant, divin... Et la vengeance du Seigneur, ce sera la déchirante révélation de sa Bonté.

Il y a un profond silence. Le boulanger lève la tête et dit avec force :

LE BOULANGER

Moi, je crois que s'il allait chercher ses bottes, tout de suite, ça nous avancerait bien plus que ces magnifiques discours. Qu'est-ce que vous en dites?

LE MARQUIS

Il a raison, allons-y.

DANS LA HUTTE DES MARAIS

Le berger et la boulangère dorment, toujours enlacés. Tout à coup le berger se lève sur son séant. Il écoute. Aurélie se tient à lui. Il se lève. Elle veut le retenir.

LE BERGER

Laisse-moi. Quelqu'un.

*Il sort d'un bond. Elle s'assoit. Elle ouvre de grands
yeux effrayés. Elle écoute.*

*Au-dehors, le berger s'avance, en se cachant, jusqu'à
la rive de l'île. A travers les osiers, il voit au loin
l'expédition qui se prépare.*

*En effet, au bord du marais, de l'autre côté de l'eau,
il y a Maillefer, le curé et l'instituteur. L'instituteur
finit de boucler ses bottes.*

MAILLEFER *(il montre l'île)*

C'est là. Je suis sûr qu'ils sont là.

L'INSTITUTEUR

Je sais. Je connais la cabane. Et je connais aussi le
passage. Allons-y, monsieur le Curé.

*L'instituteur se baisse. Le curé ferme son bréviaire,
retrousse sa soutane, prend son élan, et saute sur le
dos de l'instituteur.*

LE CURÉ *(vexé)*

Je dois avoir bon air, là-dessus...

MAILLEFER *(sérieux)*

Oui, monsieur le Curé, vous avez très bon air.
Mon père, qui était une vieille bête, avait l'habitude
de dire : « Quand on fait une bonne action, on ne
fait rire que les couillons. » Sauf votre respect,
monsieur le Curé.

DANS L'ILE À TRAVERS LES ROSEAUX

En premier plan, le berger qui regarde. Au fond, l'instituteur qui porte le curé sur le dos. Ils s'avancent, ridicules et touchants, à la recherche du pain quotidien. En trois bonds, le berger rentre dans la cabane. Là, Aurélie l'attend, inquiète.

LE BERGER *(accablé)*
Aurélie, c'est fini. Il y a le curé.

AURÉLIE
Et après?

LE BERGER
Le curé, l'homme de Dieu... C'est fini, notre beau péché...

AURÉLIE *(stupéfaite)*
Quoi?

DANS LE MARAIS

L'instituteur est au milieu du marais, et il a de l'eau jusqu'aux fesses. Le curé relève ses pieds qui touchent presque la surface de l'eau.

L'INSTITUTEUR
Ne me serrez pas les côtes comme ça, mon vieux. Et puis, vous me mettez vos souliers sous le nez.

LE CURÉ *(qui explore du regard la rive de l'île)*
C'est que la position est fort incommode, cher ami.

L'INSTITUTEUR

Oui, c'est ça, plaignez-vous. Vous, vous ne portez aucun poids.

LE CURÉ

Si, cher ami. Je porte le poids de ma responsabilité. Et de plus, vous avez dans le dos un os qui m'incommode fort.

L'INSTITUTEUR

Excusez-moi. Je le ferai enlever pour la prochaine fois.

LE CURÉ

Je vous en serai bien reconnaissant. Avancez encore de quelques pas. Et puis, nous essaierons quelque chose.

L'INSTITUTEUR *(goguenard)*

Une prière?

LE CURÉ

Les prières sont faites, mon cher ami. Nous essaierons un appel.

L'INSTITUTEUR *(qui s'enfonce)*

Quel métier! Nom de... d'une pipe...

LE CURÉ *(il s'accroche à son cou)*

Oui, d'une pipe. C'est mieux. Hue! cocotte! Encore quelques pas.

L'INSTITUTEUR

Mon vieux, moi je t'avertis que je commence à m'enfoncer.

LE CURÉ

Vas-y quand même, mais surtout ne me lâche pas.
(Brusquement.) Je vois le berger.

SUR L'ILE

*Le berger qui est revenu au bord de l'île regarde
s'avancer l'expédition. Le curé fait un grand signe de
croix. Le berger s'enfuit en courant, et va jusqu'à la
porte de la hutte.*
Aurélie lève les yeux vers lui.

LE BERGER *(affolé)*

Le curé est là. Il va toucher l'île... J'ai peur.

AURÉLIE

De quoi?

LE BERGER *(désespéré)*

Aurélie, nous sommes dans le péché.

AURÉLIE

*Elle se lève, elle le regarde tristement, et avec
amertume.*

Va-t'en, imbécile...

LE BERGER

Aurélie...

AURÉLIE

Va-t'en.

Elle sort de la hutte. Elle marche vers la rive. On entend au loin un appel du curé : Aurélie! Madame Aurélie!

Et nous le voyons au-dessus des roseaux.

LE CURÉ

Madame Aurélie!

Sur la rive, Aurélie paraît. Elle se découpe, toute droite, immobile.

Aurélie, brebis égarée, vous avez suivi le mauvais berger... Voici, Aurélie, ce que je suis venu vous dire...

Et pendant que l'instituteur s'avance vers elle, nous passons de l'autre côté de l'île. Le berger l'a traversée en courant. Le voici qui s'avance dans l'eau, et qui part soudain à la nage, droit vers le soleil couchant.

DANS LE FOURNIL

Le boulanger balaie avec application, et Miette le regarde faire. Il a préparé une petite table, avec un seul couvert. Il y a des fleurs dans un vase.

LE BOULANGER *(à Miette)*

Je sais qu'il lui dira ce qu'il faut. C'est un curé que, quand il parle, on est forcé de l'écouter.

LE MARQUIS *(il entre, joyeux et décidé)*

Qu'est-ce que tu fais là, boulanger?

LE BOULANGER

Je suis sûr qu'elle va revenir, monsieur le Marquis. Alors je prépare...

LE MARQUIS *(avec force)*

Tu prépares quoi? Veux-tu bien laisser ce balai. Qui m'a foutu un idiot pareil! *(Il lui arrache le balai.)* Sais-tu ce qu'il faut faire avec ce balai? Il faut scier le manche pour que tu l'aies bien en main. Et quand elle reviendra tout à l'heure, tu vas me lui foutre une danse qui lui persuadera la vertu.

MIETTE

Mon Dieu!

LE BOULANGER

Oh! que non, monsieur le Marquis! J'ai déjà frotté la chambre, j'ai fait les vitres, j'ai fait le lit...

LE MARQUIS

Ah! bon! Tu n'es donc pas cocu par accident : tu es cocu de naissance... Balaie, mon ami, balaie.

Il lui rend le balai.

À LA FONTAINE DU VILLAGE

Quelques dames remplissent leurs cruches en devisant.

MIETTE

Le curé, l'instituteur et Maillefer? Té, il lui faut que ça pour la ramener, cette adultère, qu'elle me fera dire!

CÉLESTE

Et vous croyez qu'elle va rester ici? Oh! pas plus! Le premier qui passe...

MLLE ANGÈLE

Moi, je trouve que vous manquez de charité chrétienne. Vous devriez avoir pitié d'une malheureuse qui va griller dans les flammes de l'Enfer... Bien sûr qu'elle repartira avec le premier venu. Bien sûr qu'elle vous prendra vos maris l'un après l'autre... Bien sûr qu'elle a le diable dans le sang et la méchanceté dans tout le corps... Mais ce n'est pas à nous de juger, et nous devons aimer notre prochain comme nous-mêmes.

CÉLESTE *(pensive)*

Moi, ce qui me dégoûte un peu, c'est qu'elle va tripoter le pain.

DANS LE FOURNIL

Le boulanger prépare des seaux d'eau et des sacs de farine. Le marquis le regarde toujours.

LE MARQUIS

Tu vas pétrir?

LE BOULANGER

Non, monsieur le Marquis. Je n'aurais pas la force avant de l'avoir vue. Mais je prépare tout.

Il continue ses préparatifs.

L'INSTITUTEUR *(il entre)*

Bonjour, messieurs. *(Un temps.)* Notre boulangère est en bas.

LE BOULANGER

Où?

L'INSTITUTEUR

Au pied de la montée. Elle s'est assise un moment sous la tonnelle du Papet. Elle est avec M. le Curé qui lui fait un peu de morale.

LE BOULANGER *(inquiet)*

Pas de morale méchante, au moins?

L'INSTITUTEUR

Ma foi, la morale, ce n'est jamais très gentil.

LE BOULANGER

Enfin, il ne la fait pas pleurer?

L'INSTITUTEUR

Non, au contraire, il la console...

LE BOULANGER

Merci. *(Un temps.)* Elle ne veut pas venir?

L'INSTITUTEUR

Elle ne veut rencontrer personne. Elle a honte. Alors, elle attend la nuit. Elle a dit que si elle voyait un seul habitant du village, elle s'en retournerait.

LE BOULANGER

C'est la pudeur, ça. Qu'est-ce que vous voulez? C'est la pudeur.

L'INSTITUTEUR

Antonin et Casimir sont en train d'avertir le village. Dès que la nuit tombera, on fera rentrer tout le monde, et surtout les femmes. Moi, je vais lui envoyer un cheval, parce qu'elle est bien fatiguée.

LE BOULANGER

Peuchère! Elle en aura fait du cheval depuis deux jours. Et le berger?

L'INSTITUTEUR

Il a eu peur. Il s'est sauvé à la nage.

LE BOULANGER *(au marquis)*

Vous allez le reprendre?

LE MARQUIS

S'il revient, je l'enverrai à mon mas en Camargue.

LE BOULANGER

C'est ça. *(Il regarde bien le marquis.)* Il vaudrait mieux qu'il ne revienne plus chercher le pain. *(Lentement et à voix basse.)* Il vaudrait mieux.

AU PIED DU VILLAGE

Il y a le cimetière, entouré de hauts cyprès. Contre le tronc d'un gros cyprès, Aurélie cache son visage. Debout auprès d'elle, le jeune prêtre, lentement, et avec une immense pitié, lit la plus belle page de l'Evangile.

LE CURÉ

Alors les Scribes et les Pharisiens lui amenèrent une femme qui avait été surprise en délit d'adultère, et l'ayant placée au milieu de la foule, ils dirent à Jésus : « Maître, cette femme a été prise en flagrant délit d'adultère; or, Moïse nous a ordonné dans la Loi de lapider ces sortes de personnes; et toi, qu'en dis-tu? »

Ils disaient cela pour le mettre à l'épreuve, afin de pouvoir l'accuser; mais Jésus, s'étant baissé, écrivait avec le doigt sur la terre. Comme ils continuaient à l'interroger, il se releva et leur dit : « Que celui de vous qui est sans péché lui jette la pierre le premier. » Et s'étant baissé de nouveau, il écrivait sur la terre. Quand ils entendirent ces paroles, ils sortirent l'un après l'autre en commençant par les plus âgés, et Jésus resta seul avec la femme qui était là, au milieu. Alors Jésus s'étant relevé et ne voyant personne, que la femme, lui dit : « Femme, où sont-ils ceux qui t'accusaient? Personne ne t'a-t-il condamnée? » Elle répondit : « Personne, Seigneur. » Alors Jésus lui dit : « Moi non plus, je ne te condamne pas. Va, et ne pèche plus. »

DANS UNE RUE

Devant la maison d'Antonin

MIETTE

Mon Dieu! C'est un ostensoir, cette femme, qu'on ne peut pas la regarder?

ANTONIN *(qui la pousse vers la maison)*

C'est la consigne. Les volets fermés, et personne dans la rue; autrement, elle s'en va, et le pain s'en va avec. Et si c'est par ta faute que le pain s'en va, moi j'irai travailler ailleurs, dans un village où il y aura du pain. Sans compter la rouste que je te laisserai en souvenir.

MIETTE

Bon, bon... Si c'est pour le pain. Bon.

Elle rentre en maugréant, et ferme les volets. Antonin s'en va plus loin.

AU COIN D'UNE RUE

Casimir arrive en courant et rencontre M. l'Instituteur. C'est justement lui qu'il cherchait.

CASIMIR

Monsieur l'Instituteur, ça s'arrange bien partout, avec quelques petites calottes conjugales...Mais enfin, ça va. Seulement il y a Mlle Angèle qui veut pas rentrer... Et elle n'a pas de mari pour lui expliquer comme il faut...

L'INSTITUTEUR

Où est-elle?

CASIMIR

Elle est plantée au milieu de la rue, près de la maison du boulanger, et juste sous le réverbère.

L'INSTITUTEUR

Laissez faire. J'y vais.

Il part joyeusement.

DANS LA RUE
DEVANT LA BOULANGERIE

Mlle Angèle attend toute droite et l'air pincé. Elle parle à haute voix, toute seule.

MLLE ANGÈLE *(avec violence)*

Ah! mais non! Pas avec moi!

176

L'instituteur s'approche dans l'obscurité. Il fait :
« Hum! »

N'insistez pas... C'est inutile...

L'INSTITUTEUR *(innocent)*

Tiens... Bonsoir, mademoiselle Angèle! De quoi parlez-vous?

MLLE ANGÈLE

Je ne bougerai pas d'ici. Je tiens à voir le piteux retour de la pécheresse... Ah! Il est défendu de la regarder! Eh bien, je la regarderai moi, et sous cette lampe, pour qu'elle me voie!... S'il suffit d'être une femme perdue pour être la reine d'un village, alors, à quoi ça sert, la vertu?

L'INSTITUTEUR *(luxurieux)*

A rien, ma douce Angèle, à rien du tout. Je suis heureux que tu t'en aperçoives... Tu as gaspillé quarante ans ma belle Angèle... Mais nous allons réparer ça tout de suite! Viens... Viens que je dénude cette gorge... Que je flatte cette croupe...

Il lui tapote les fesses.
Angèle s'enfuit, épouvantée. Elle crie : « Au secours! » L'instituteur court derrière elle. Elle tourne au coin d'une rue, il la suit. Dans la rue suivante, elle s'arrête devant une porte, au moment où l'instituteur paraît au coin de la rue. Elle s'engouffre dans la porte qu'elle referme brutalement. On l'entend tirer des verrous. L'instituteur tourne doucement la clef restée dans la serrure et la met dans sa poche. On entend une fenêtre qui s'ouvre au premier. Angèle paraît.

MLLE ANGÈLE

Psstt...

L'INSTITUTEUR *(passionné)*

Ta bouche... Donne-moi ta bouche!

MLLE ANGÈLE *(à voix basse)*

Allons, allons, ne dites pas des choses pareilles! Si vous avez une proposition sérieuse à me communiquer, venez au grand jour, et devant ma mère, parce que je ne suis pas celle que vous croyez.

L'instituteur s'en va en rigolant.
A l'entrée du village, il tire un sifflet de sa poche, et il siffle trois fois.

DANS LA BOULANGERIE

LE BOULANGER *(écoute le sifflet)*

Voilà le signal.

LE MARQUIS

Bon. Je te laisse, boulanger. Je vais m'enfermer au Cercle avec Casimir. S'il y avait quelque chose, tu me ferais prévenir.

LE BOULANGER

Bon.

Le marquis sort.

SUR LA MONTÉE DU VILLAGE

La boulangère est assise sur un cheval. Le curé tient la bride. Elle baisse la tête en silence.

178

DANS LES MAISONS

Les persiennes sont fermées, tout le monde est aux fenêtres, essayant de regarder par des trous.

Dans un grand silence, on entend les sabots du cheval qui ramène la pécheresse.

DEVANT LA BOULANGERIE

Les portes sont fermées. Seule, la petite porte basse du milieu est ouverte, et laisse échapper une vive lumière.

Le cheval arrive dans cette lumière. Le curé l'arrête. Il tend la main à Aurélie.

LE CURÉ

Voici votre foyer, ma fille. Priez un moment, Dieu vous aidera... Que la paix soit avec vous.

Il prend le cheval par la bride. Il s'éloigne. Aurélie demeure un instant immobile puis elle entre bravement et elle referme la porte derrière elle.

Elle reste debout contre la porte qu'elle vient de fermer. Elle lève les yeux. Au fond, devant le four, il y a Aimable qui la regarde. Un assez long silence. Enfin Aurélie parle.

AURÉLIE *(à voix basse)*

Pardon.

LE BOULANGER

Pardon de quoi?

AURÉLIE

De ce que j'ai fait.

LE BOULANGER

Ce que tu as fait, qui te le demande?

AURÉLIE

Tu le sais?

LE BOULANGER

Forcément que je le sais.

AURÉLIE

Je t'ai fait du mal?

LE BOULANGER *(d'un ton dégagé)*

J'ai été beaucoup inquiet. Parce que tu ne me l'avais pas dit. Tu pars, toi, comme ça, quand ça te prend. Et tu ne m'avertis pas. Tu ne me dis même pas où tu avais mis la boîte du café, ni mes mouchoirs, ni mon bouton de col. Je le cherche depuis deux jours. Tu as eu envie de voir ta mère : je le comprends, je ne te le reproche pas. Tu n'as pas voulu me le dire, parce que je suis un peu trop autoritaire... D'accord, je le comprends. Mais ta mère, est-ce qu'elle ne pouvait pas envoyer un télégramme, est-ce qu'elle ne pouvait pas me rassurer? Enfin, tout de même, elle a été raisonnable puisqu'elle t'a envoyée tout de suite. Tu n'as pas eu froid au moins?

AURÉLIE

Qu'est-ce que ça peut faire?

LE BOULANGER

Beaucoup. Maintenant que je suis si content de te

180

revoir, tu ne vas pas me faire une maladie? Viens t'asseoir, viens, ne reste pas là.

Il l'emmène dans le fournil. Et dans le fournil, il y a la petite table toute prête, avec un poulet rôti, une bonne bouteille, et un petit pain en forme de cœur.

LE BOULANGER

Assieds-toi là, ma belle. Tu dois avoir faim? Tiens, j'avais préparé à manger pour moi, parce que je ne savais pas si tu reviendrais ce soir. Mange, va, moi j'ai pas faim.

AURÉLIE

Elle a brusquement de grosses larmes.

Ne me pardonne pas comme ça. Ça me fait mal.

LE BOULANGER *(avec douceur)*

Ne me parle plus de pardon, parce que tu finirais par me donner des idées!

Il prend le seau et commence à verser de l'eau dans le pétrin. Aurélie le regarde, immobile.

LE BOULANGER

Ça t'étonne, de me voir pétrir à ces heures-ci?

AURÉLIE *(absente)*

Je ne sais pas.

LE BOULANGER

Ecoute, il faut que je t'avoue quelque chose. Depuis que tu es partie, je ne me suis pas bien conduit. *(Elle lève les yeux vers lui, effrayée.)* N'aie pas peur; ce n'est pas bien grave. Mais enfin, comme j'étais seul, j'en ai profité pour boire des apéritifs. Eh oui! C'est une envie qui m'est venue, comme ça, bêtement. Une espèce de coup de folie... Un coup de folie, ça peut tomber sur tout le monde... D'ailleurs, ça m'a rendu malade comme un chien, et aujourd'hui, je n'ai pas fait de pain. Alors, dans le village, ça les a bien ennuyés, et je leur ai promis de leur en faire pour ce soir. Voilà, voilà la vérité.

Il retourne à sa farine et à ses seaux. Aurélie prend sur la table le petit pain doré, en forme de cœur.

AURÉLIE

Et celui-là, qui est-ce qui l'a fait?

LE BOULANGER *(gêné)*

C'est moi. Il a une drôle de forme, une forme comique... Je l'ai cuit dans le four du poêle de la cuisine... J'ai jeté un morceau de pâte dedans, au hasard... Et regarde un peu comme cette pâte est allée tomber! Enfin, je n'ai fait que celui-là, pour toi. Enfin, pour moi. Je dis pour toi parce que c'est toi qui vas le manger... Mange, Aurélie. Fais-moi ce plaisir. Mange.

Il va au pétrin. Il commence à brasser la pâte. Aurélie, qui pleure, se met à manger. D'abord, du bout des lèvres. Puis de bon appétit, parce qu'elle est jeune, et qu'elle a faim. Elle le regarde longuement.

AURÉLIE

Aimable, une bonté comme la tienne, c'est pire que des coups de bâton.

LE BOULANGER *(qui tire la pâte)*

Que veux-tu, la bonté, c'est difficile à cacher.

Alors, excuse-moi. Je ne le fais pas exprès, et je te demande pardon.

AURÉLIE

Tu sais tout?

LE BOULANGER

Moi. Oui. Tout ce qui concerne le pain. Et ça me suffit. Je ne veux savoir rien d'autre. A quoi ça me servirait?

AURÉLIE

A ne pas être ridicule.

LE BOULANGER

Il se relève, il fait un pas vers elle. Il est tout pâle.

Tu ne veux pas que je sois ridicule?

AURÉLIE

Non.

LE BOULANGER

C'est la première et la seule parole d'amour que tu m'aies dite... Alors, je ne sais plus quoi faire.

Il reste là, et au bout de ses bras ballants, pendent ses grosses mains, que la pâte épaissit encore. Et tout à coup, il tourne la tête vers la petite porte qui conduit à la cave : par la chatière, la chatte noire, la Pomponnette, vient d'entrer. Le boulanger la regarde un instant, et il prend un air sévère.

LE BOULANGER

Ah! Te voilà, toi? *(A sa femme.)* Regarde, la voilà

183

la Pomponnette... Garce, salope, ordure, c'est maintenant que tu reviens? Et le pauvre Pompon, dis, qui s'est fait un mauvais sang d'encre pendant ces trois jours! Il tournait, il virait, il cherchait dans tous les coins... Plus malheureux qu'une pierre, il était... *(A sa femme.)* Et elle, pendant ce temps-là avec son chat de gouttières... Un inconnu, un bon à rien... Un passant du clair de lune... Qu'est-ce qu'il avait, dis, de plus que lui?

AURÉLIE

Elle baisse la tête.

Rien.

LE BOULANGER

Toi, tu dis : « Rien. » Mais elle, si elle savait parler, ou si elle n'avait pas honte – ou pas pitié du vieux Pompon – elle me dirait : « Il était plus beau. » Et qu'est-ce que ça veut dire, beau? Qu'est-ce que c'est, cette petite différence de l'un à l'autre? Tous les Chinois sont pareils, tous les Nègres se ressemblent, et parce que les lions sont plus forts que les lapins, ce n'est pas une raison pour que les lapines leur courent derrière en clignant de l'œil. *(A la chatte, avec amertume.)* Et la tendresse alors, qu'est-ce que tu en fais? Dis, ton berger de gouttières, est-ce qu'il se réveillait, la nuit, pour te regarder dormir? Est-ce que si tu étais partie, il aurait laissé refroidir son four, s'il avait été boulanger? *(La chatte, tout à coup, s'en va tout droit vers une assiette de lait qui était sur le rebord du four, et lape tranquillement.)* Voilà. Elle a vu l'assiette de lait, l'assiette du pauvre Pompon. Dis, c'est pour ça que tu reviens? Tu as eu faim et tu as eu froid?... Va, bois-lui son lait, ça lui fait plaisir... Dis, est-ce que tu repartiras encore?

AURÉLIE

Elle ne repartira plus...

LE BOULANGER *(à la chatte, à voix basse)*

Parce que, si tu as envie de repartir, il vaudrait mieux repartir tout de suite : ça serait sûrement moins cruel...

AURÉLIE

Non, elle ne repartira plus... Plus jamais...

Elle s'est élancée vers lui, elle baise la grosse main toute gluante de pâte, puis elle se blottit contre lui.

LE BOULANGER

Qu'est-ce que tu as, Aurélie? Qu'est-ce qu'il te prend?

AURÉLIE

Je ne sais pas. Je ne suis pas bien.

LE BOULANGER

Si tu allais te coucher?

AURÉLIE

Non, je veux rester près de toi... J'ai froid.

LE BOULANGER

Ecoute, c'est le moment de rallumer le four. Viens, ça nous réchauffera tous les deux.

Il va vers le four, il ouvre la grosse porte de pierre. Elle l'a suivi jusque-là. Il prend un morceau de fil de fer qui porte un petit chiffon, il le trempe dans un couvercle de boîte en fer-blanc, qui est plein d'alcool.

185

Puis il allume le tampon à la lampe, et il approche des fagots la petite flamme bleue. Timidement, Aurélie arrête son bras.

LE BOULANGER *(pensif)*

Oh! ça, ça serait bien... Ça serait juste... *(Il lui donne la petite flamme.)* Il s'éteint quand tu t'en vas, tu l'allumes quand tu reviens. C'est naturel.

Aurélie plonge la flamme dans les fagots de bois de pin, et, tout à coup, le feu crépite. Le boulanger regarde l'incendie; un peu de fumée vient dans le fournil. Le boulanger s'essuie les yeux, et en riant, il dit :

LE BOULANGER

Cette fumée, j'ai beau en avoir l'habitude. Elle m'a toujours fait pleurer.

VIE DE MARCEL PAGNOL

Marcel Pagnol est né le 28 février 1895 à Aubagne.

Son père, Joseph, né en 1869, était instituteur, et sa mère, Augustine Lansot, née en 1873, couturière.

Ils se marièrent en 1889.

1898 : naissance du Petit Paul, son frère.

1902 : naissance de Germaine, sa sœur.

C'est en 1903 que Marcel passe ses premières vacances à La Treille, non loin d'Aubagne.

1904 : son père est nommé à Marseille, où la famille s'installe.

1909 : naissance de René, le « petit frère ».

1910 : décès d'Augustine.

Marcel fera toutes ses études secondaires à Marseille, au lycée Thiers. Il les terminera par une licence ès lettres (anglais) à l'Université d'Aix-en-Provence.

Avec quelques condisciples il a fondé *Fortunio*, revue littéraire qui deviendra *Les Cahiers du Sud*.

En 1915 il est nommé professeur adjoint à Tarascon.

Après avoir enseigné dans divers établissements scolaires à Pamiers puis Aix, il sera professeur adjoint et répétiteur d'externat à Marseille, de 1920 à 1922.

En 1923 il est nommé à Paris au lycée Condorcet.

Il écrit des pièces de théâtre : *Les Marchands de gloire* (avec Paul Nivoix), puis *Jazz* qui sera son premier succès (Monte-Carlo, puis Théâtre des Arts, Paris, 1926).

Mais c'est en 1928 avec la création de *Topaze* (Variétés) qu'il devient célèbre en quelques semaines et commence véritablement sa carrière d'auteur dramatique.

Presque aussitôt ce sera *Marius* (Théâtre de Paris, 1929), autre gros succès pour lequel il a fait, pour la première fois, appel à Raimu qui sera l'inoubliable César de la Trilogie.

Raimu restera jusqu'à sa mort (1946) son ami et comédien préféré.

1931 : Sir Alexander Korda tourne *Marius* en collaboration avec Marcel Pagnol. Pour Marcel Pagnol, ce premier film coïncide avec le début du cinéma parlant et celui de sa longue carrière cinématographique, qui se terminera en 1954 avec *Les Lettres de mon moulin*.

Il aura signé 21 films entre 1931 et 1954.

En 1945 il épouse Jacqueline Bouvier à qui il confiera plusieurs rôles et notamment celui de Manon des Sources (1952).

En 1946 il est élu à l'Académie française. La même année, naissance de son fils Frédéric.

En 1955 *Judas* est créé au Théâtre de Paris.

En 1956 *Fabien* aux Bouffes Parisiens.

En 1957 publication des deux premiers tomes des *Souvenirs d'enfance* : *La Gloire de mon père* et *Le Château de ma mère*.

En 1960 : troisième volume des *Souvenirs* : *Le Temps des secrets*.

En 1963 : *L'Eau des collines* composé de *Jean de Florette* et *Manon des Sources*.

Enfin en 1964 *Le Masque de fer*.

Le 18 avril 1974 Marcel Pagnol meurt à Paris.

En 1977, publication posthume du quatrième tome des *Souvenirs d'enfance* : *Le Temps des amours*.

BIBLIOGRAPHIE

1926. *Les Marchands de gloire*. En collaboration avec Paul Nivoix, Paris, L'Illustration.

1927. *Jazz*. Pièce en 4 actes, Paris, L'Illustration. Fasquelle, 1954.

1931. *Topaze*. Pièce en 4 actes, Paris, Fasquelle.
Marius. Pièce en 4 actes et 6 tableaux, Paris, Fasquelle.

1932. *Fanny*. Pièce en 3 actes et 4 tableaux, Paris, Fasquelle.
Pirouettes. Paris, Fasquelle (Bibliothèque Charpentier).

1933. *Jofroi*. Film de Marcel Pagnol d'après *Jofroi de la Maussan* de Jean Giono.

1935. *Merlusse*. Texte original préparé pour l'écran, Petite Illustration, Paris. Fasquelle, 1936.

1936. *Cigalon*. Paris, Fasquelle (précédé de *Merlusse*).

1937. *César*. Comédie en deux parties et dix tableaux, Paris, Fasquelle.
Regain. Film de Marcel Pagnol d'après le roman de Jean Giono (Collection « Les films qu'on peut lire »). Paris-Marseille, Marcel Pagnol.

1938. *La Femme du boulanger*. Film de Marcel Pagnol d'après un conte de Jean Giono, « Jean le bleu ». Paris-Marseille, Marcel Pagnol. Fasquelle, 1959.
Le Schpountz. Collection « Les films qu'on peut lire », Paris-Marseille, Marcel Pagnol. Fasquelle, 1959.

1941. *La Fille du puisatier*. Film, Paris, Fasquelle.

1946. *Le Premier Amour*. Paris, Editions de la Renaissance. Illustrations de Pierre Lafaux.

1947. *Notes sur le rire*. Paris, Nagel.
Discours de réception à l'Académie française, le 27 mars 1947. Paris, Fasquelle.

1948. *La Belle Meunière*. Scénario et dialogues sur des mélodies de Franz Schubert (Collection « Les maîtres du cinéma »), Paris, Editions Self.

1949. *Critique des critiques*. Paris, Nagel.

1953. *Angèle*. Paris, Fasquelle.
Manon des Sources. Production de Monte-Carlo.

1954. *Trois lettres de mon moulin*. Adaptation et dialogues du film d'après l'œuvre d'Alphonse Daudet, Paris, Flammarion.

1955. *Judas*. Pièce en 5 actes, Monte-Carlo, Pastorelly.

1956. *Fabien*. Comédie en 4 actes, Paris, Théâtre 2, avenue Matignon.
1957. *Souvenirs d'enfance*. Tome I : La Gloire de mon père. Tome II : Le Château de ma mère. Monte-Carlo, Pastorelly.
1959. *Discours de réception de Marcel Achard à l'Académie française et réponse de Marcel Pagnol*, 3 décembre 1959, Paris, Firmin Didot.
1960. *Souvenirs d'enfance*. Tome III : Le Temps des secrets. Monte-Carlo, Pastorelly.
1963. *L'Eau des collines*. Tome I : Jean de Florette. Tome II : Manon des Sources, Paris, Editions de Provence.
1964. *Le Masque de fer*. Paris, Editions de Provence.
1970. *La Prière aux étoiles, Catulle, Cinématurgie de Paris, Jofroi, Naïs*. Paris, Œuvres complètes, Club de l'Honnête Homme.
1973. *Le Secret du Masque de fer*. Paris, Editions de Provence.
1977. *Le Rosier de Madame Husson, Les Secrets de Dieu*. Paris, Œuvres complètes, Club de l'Honnête Homme.
1977. *Le Temps des amours*, souvenirs d'enfance, Paris, Julliard.
1981. *Confidences*. Paris, Julliard.
1984. *La Petite Fille aux yeux sombres*. Paris, Julliard.

Les œuvres de Marcel Pagnol sont publiées dans la collection de poche « Fortunio » aux éditions de Fallois.

Traductions

1947. William Shakespeare, *Hamlet*. Traduction et préface de Marcel Pagnol, Paris, Nagel.
1958. Virgile, *Les Bucoliques*. Traduction en vers et notes de Marcel Pagnol, Paris, Grasset.
1970. William Shakespeare, *Le Songe d'une nuit d'été*. Paris, Œuvres complètes, Club de l'Honnête Homme.

FILMOGRAPHIE

1931 – MARIUS (réalisation A. Korda-Pagnol).
1932 – TOPAZE (réalisation Louis Gasnier).
       FANNY (réalisation Marc Allegret, supervisé par Marcel
       Pagnol).
1933 – JOFROI (d'après *Jofroi de la Maussan* : J. Giono).
1934 – ANGÈLE (d'après *Un de Baumugnes* : J. Giono).
1934 – L'ARTICLE 330 (d'après Courteline).
1935 – MERLUSSE.
       CIGALON.
1936 – TOPAZE (deuxième version).
       CÉSAR.
1937 – REGAIN (d'après J. Giono).
1937-1938 – LE SCHPOUNTZ.
1938 – LA FEMME DU BOULANGER (d'après J. Giono).
1940 – LA FILLE DU PUISATIER.
1941 – LA PRIÈRE AUX ÉTOILES (inachevé).
1945 – NAÏS (adaptation et dialogues d'après E. Zola, réalisa-
       tion de Raymond Leboursier, supervisé par Marcel
       Pagnol).
1948 – LA BELLE MEUNIÈRE (couleur Roux Color).
1950 – LE ROSIER DE MADAME HUSSON (adaptation et
       dialogues d'après Guy de Maupassant, réalisation Jean
       Boyer).
1950 – TOPAZE (troisième version).
1952 – MANON DES SOURCES.
1953 – CARNAVAL (adaptation et dialogues d'après E. Mazaud,
       réalisation : Henri Verneuil).
1953-1954 – LES LETTRES DE MON MOULIN (d'après
       A. Daudet).
1967 – LE CURÉ DE CUCUGNAN (moyen métrage d'après
       A. Daudet).

IMPRIMÉ EN FRANCE PAR BRODARD ET TAUPIN
Usine de La Flèche (Sarthe), le 10-09-1990.
1289D-5 - Nº d'Éditeur 42, dépôt légal : mai 1989.

ÉDITIONS DE FALLOIS - 22, rue La Boétie - 75008 Paris
Tél. 42.66.91.95